Causerie la Concurrence

1285

PRÉCIS GÉNÉALOGIQUE

DE LA

MAISON DE LA NOUE

DU MÊME AUTEUR :

Saint-Amand. — Imp. et stéréot. de Destenay.

LA NOUE DE BRIORD.
Bretagne

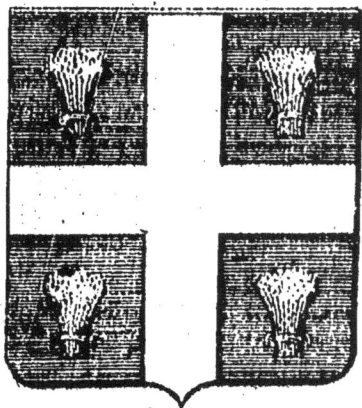

LA NOUE DE VAIR
Bretagne et Touraine.

SCEL DE JEAN DE LA NOUE EN 1280.
Brie.

PRÉCIS GÉNÉALOGIQUE

DE LA

MAISON DE LA NOÜE

PAR

LE VICOMTE OSCAR DE POLI

Président du Conseil Héraldique de France

Decus avorum, honos patriæ.

CONSEIL HÉRALDIQUE DE FRANCE

21, AVENUE CARNOT, 21

PARIS

1886

PRÉCIS GÉNÉALOGIQUE

DE LA

MAISON DE LA NOUE

INTRODUCTION

I

ÉTYMOLOGIE

Noa, noha, noda, dans la basse latinité, désigne, « une terre un peu humide et grasse, qui est une espèce de pré ou de pâture; ce mot est d'origine celtique ».[1] — « On nomme *noue* ou *noe,* un lieu bas et humide, peu incliné et qui sert néanmoins d'égoût aux terrains supérieurs ; dans les pays couverts, peu accidentés, à sous-sol argileux, tels que le départe-

---

[1] *Dict. de Trévoux,* V, 1045.

1

ment de la Loire-Inférieure, les petites dépressions des terrains de ce genre se rencontrent à chaque pas; aussi beaucoup de localités s'y appellent-elles La Noue ou La Noe ».[1]

Ce nom se trouve, dans les anciens titres, suivant le caprice des scribes et des traducteurs, sous les formes suivantes: Noes, Nus, la Nude, la Nohe, la Noee, Lanoy, et finalement la Noë et la Noüe.

[1] *Rev. des prov. de l'Ouest,* mai 1855, p. 656.

II

ORIGINES

« Plusieurs familles, qui paraissent étrangères les unes aux autres, ont porté ce nom ; la plus distinguée de toutes est celle qui a produit le fameux La Noue, surnommé Bras-de-fer. Elle tirait son nom de la terre de la Noë, en la paroisse de Fresnay-en-Retz ; Bras-de-fer ayant hérité, du chef de sa mère, la terre de Briord, en la paroisse du Port-Saint-Père, on le nomma souvent la Noüe-Briord, pour le distinguer des autres, ét ce nom composé passa même à sa terre. »[1]

Assurément, chaque terre ou fief appelé la Noë ou la Noüe a pu donner son nom à la famille qui en

[1] *Ibid.*

fut possessionnée dans la période féodale ; mais ce n'est pas seulement la nature du sol qui, en Bretagne comme ailleurs, a pu multiplier les terres et fiefs de ce nom ; les exemples de fiefs changeant de nom en même temps que de seigneur abondent dans l'histoire de la féodalité ; la terre prenait fréquemment le nom de son nouveau maître, et, dans les anciens âges, il est souvent douteux si la famille a donné son nom à sa terre, ou bien si elle l'en a reçu. On verra, dans le cours de ce précis généalogique, un certain nombre de terres du nom de la Noë ou la Noüe possédées simultanément par des ancêtres de Bras-de-fer.

L'extraction chevaleresque de cette vieille race ne peut faire doute ; mais quelle était son origine ? Était-elle purement bretonne, comme le veut La Chenaye-Desbois, qui cite « Garnier de la Noüe, vivant en 1152 » (*Preuves*, 2) ? Sans doute ce généalogiste n'est pas d'une autorité sans égale ; mais j'ai le devoir de déclarer que ses dires, en ce qui concerne la maison de la Noüe, se sont trouvés confirmés par les résultats de mes recherches ; contre son habitude, il a poussé loin le scrupule à l'égard de ce lignage ; il l'a même poussé jusqu'à la puérilité en établissant une distinction entre les noms de « la Noë » et de « la Noüe ». En fait, la

généalogie qu'il donne est indéniablement une œuvre de probité ; mais il omet d'indiquer où vivait
Garnier de la Noüe, et à quelle source il a
puisé.

Le fief de la Noüe, en Fresnay, — qui était vrai-
semblablement un démembrement de l'ancienne et
importante seigneurie de Fresnay, — donna-t-il son
nom à ses possesseurs primitifs, ou bien, au con-
traire, reçut-il le leur ? Dès la deuxième moitié du
onzième siècle, on trouve en Anjou Vivant et Salomon de la Noüe (*de Noa*), [1] dont le fief n'était, à
vol d'oiseau, qu'à une vingtaine de lieues de Fresnay. On sait que nombre de familles chevaleresques
d'Anjou et de Bretagne avaient provigné de l'une
en l'autre province. Sans doute il se peut que deux
familles homonymes aient coexisté à si petite dis-
tance, sans se rattacher au même estoc ; toutefois
leur communauté d'origine est plus probable. Mais
les la Noüe firent-ils branche d'Anjou en Bretagne,
ou de Bretagne en Anjou ? J'inclinerais de préférence
vers la seconde hypothèse, à cause du prénom de
Salomon, alors si usité en Bretagne.

Quoi qu'il en soit, dès la seconde moitié du XIIe

---

[1] *Preuves*, 1. — La Noüe, en Brissarthe. — C. Port, *Dict.*
III, 13.

siècle, s'il faut en croire le biographe de Bras-de-fer (*Preuves*, 4), ses aïeux brillaient en Bretagne par la valeur et la loyauté, vertus héréditaires de ce lignage, que l'on suit, à la lumière de ses actes, à partir de 1245.

III

FAMILLES HOMONYMES

Un certain nombre de familles ont porté le nom de la Noë ou la Noüe, en Normandie, en Vermandois, en Champagne, dans l'Ile-de-France, etc. Presque toutes sont éteintes, et il n'apparaît pas qu'elles eussent, avec la maison qui nous occupe, d'autre rapport que l'homonymie.

En Normandie, *Henricus de Noa* figure dans une charte de Saint-Cyr-de-Friardel, de l'an 1224 [1]. Etienne de la Noë, du comté de Mortain, obtient en 1488 des lettres de rémission [2]. A cette province se rattachent les familles suivantes: La Noë ou Lo

---

[1] *Cartul.*, f. 16.
[2] *Trés. des ch.*, J.J, 142, num. 118.

Noüe de Villiers : *d'azur á la bande d'or, acc. de 3 molettes de même, 2 en chef et 1 en pointe.* — La Noë,
anoblie en 1703 : *d'azur à la fasce d'or, acc. en chef
de 2 étoiles de même et, en pointe, d'une rose d'argent.*
— La Noë de Pelmesnil : *d'azur à une fusée d'or,
aliàs à 3 fusées d'or rangées en fasce.* [1]

En Vermandois, *Odo de Noa* ou *Noda* souscrit en
1106 une charte d'Hubert, évêque de Senlis. [2] Il prit
part à la première croisade, et figure dans les Assises
de Jérusalem sous le nom d' « Eudes de la Nude ». [3]

Un autre Eudes de la Noüe était chanoine de Senlis en 1165. [4] Foulques de la Noüe et Jean, son fils,
vers 1180, sont au nombre des chevaliers de la cour
de Ph. d'Alsace, comte de Flandre, et d'Élisabeth,
comtesse de Vermandois, son épouse. [5] Aléaume de
la Noüe et Marie de Baillonval, sa femme, font en
1239 une donation à l'abbaye de Froimont, diocèse
de Beauvais. [6] Jean de la Noüe, écuyer du diocèse
de Senlis, et Marie de Silly, sa femme, donnent en
1279 aux Templiers de Lagny-le-Sec ; le sceau de

---

[1] *Pièc. orig.*, doss. 48117, p. 9-13. — Rietstap, p. 768.

[2] *Cartul. de Senlis*, f. 1 v.

[3] P. Roger, p. 180. — Michaud, II, 547. — Cf. Du Cange,
v° *Noda.*

[4] *Gall. Christ.*, X, *instr.*, c. 436 : « Odo de Noa ».

[5] De Camps, IX, 16 v.

[6] *Cartul.*, f. 34 v.

« Jahan de la Noë, escuiers », porte un écu gironné de seize pièces, au franc-canton chargé d'une fleur-de-lis. [1]

En Champagne, on trouve très anciennement une famille de la Noë ou de la Noüe, éteinte, se rattachant très probablement aux la Noüe du Vermandois, qui a donné un croisé, Henri de la Noüe, en 1249, et à laquelle un écrivain moderne, victime de son ingéniosité, a rattaché le célèbre Bras-de-fer[2]. On la suit jusqu'à nos temps à partir de mai 1226, que la comtesse de Champagne vend à Hugues et Girard de la Noüe, frères, une part des bois de Chantemerle[3]. Elle tenait un rang distingué dans cette province ; ses représentants, seigneurs de Blumerey et d'Humbertin, furent maintenus dans leur noblesse d'extraction par l'intendant Caumartin. Je dois à l'obligeance d'un savant sigillographe troyen, M. Louis Le Clert, membre honoraire du Conseil Héraldique de France, de remarquables dessins des sceaux de Guillaume (1302) et Jacques de la Noë (1324), chevaliers, dont l'écu porte un losange, qui

[1] Arch. Nat., S. 5173, num. 15-19. Voy. la gravure en tête de ce volume.

[2] L'abbé Boitel, p. 284.

[3] H. d'Arbois, num. 1717 : « Hugo de Noa ».

est en effet le blason de ce lignage : *losangé d'argent et d'azur*.

Dès la seconde moitié du XIIᵉ siècle, il avait fait souche au comté de Nevers, et probablement aussi dans le Dunois. Robert, seigneur de la Noë, écuyer, rendit hommage vers 1292 à Béatrix, comtesse de Dunois, et à Robert de Dreux, son fils. En 1352, « Robert de la Noee, escuier », servait en Limousin sous le maréchal d'Andrehem.[1] — Peut-être doit-on rattacher également aux la Noüe de Champagne une ancienne famille de la haute bourgeoisie parisienne, qui portait *d'argent à 3 fasces ondées d'azur*, et dont était « Alexandre de la Nohe », commissaire du grand bureau des pauvres, bienfaiteur de l'hôpital des Petites-Maisons, mort en 1642.[2]

Enfin, en Bretagne, nous trouvons : La Noë-Couespeur (dioc. de Saint-Brieuc), maintenus en 1669 dans leur noblesse d'ancienne extraction : *d'azur au lion morné d'or*, aliàs *au lion d'or armé, lamp. et cou-*

[1] *Mondonville*, II, 46 v. — Clairambault, LXXXI, 6398. — Du Fourny.

[2] Guilhermy, I, 657. — M. de Guilhermy l'appelle « Alex. de la Noue », et dit avec raison que c'est « l'orthogr. moderne du nom de la Nohe ». — Hugues et Pierre de la Noue sont nommés en 1269 dans le Cartul. de N. D. de Paris. (Guérard, II, 105; IV, 28.)

ronné de gueules. — La Noë : *d'argent à* 7 *mâcles de gueules,* 3 3·1. — La Noë ou la Noüe, (dioc. de Saint-Brieuc,) anoblis en 1426, maintenus en 1440 : armes inconnues. — La Noüe du Boschet (dioc. de Dol,) anoblis en 1656, maintenus en 1669 et 1702 : *d'azur au chevron d'argent chargé de* 5 *roses de gueules et acc. de 3 coquilles d'or.*[1] — J'omets à dessein dans cette nomenclature une famille de la Noüe à la quelle les anciens et modernes nobiliaires bretons et angevins[2] s'accordent à donner pour blason, *de sable à* 6 *besants d'argent,* 3-2·1 ; il faut lire ici, non la Noüe, mais la Voüe, famille d'ancienne chevalerie dont ce sont effectivement les armes.

[1] P. de Courcy. — Rietstap, p. 757, 758. — La Chenaye, t. XI.

[2] J. Denais, I, 435. — Carré de Busserolle, p. 709.

IV

ARMOIRIES

« Guillames de Nus », chevalier breton, portait, en 1238, *d'azur au besant d'or* (*Preuves*, 6), blason qui paraît allusif aux croisades. Faut-il lire « Guillaume de la Noüe » ? Ou bien est-ce le même que « *Willelmus de Noes* », qui figure en 1219 dans une charte de l'abbaye de Saint-Aubin (*Preuves*, 5), et que revendique la maison des Nos, qui en effet a fourni deux croisés, mais dont toutefois ce n'est point là le blason ? Le doute est permis : les scribes des vieux âges, en traduisant les noms latins, supprimaient fréquemment l'article ; c'est ainsi que Péan de la Voüe (*Paganus de Voa*), croisé, est régulièrement appelé « *Paganus* de Voh », [1] et qu'Henri de la

[1] Pauli, I, 26. — E. de Rozière, p. 268.

Noüe, croisé champenois, est appelé « *Henricus Noes* ». [1]

« Guillames de Nus », vivant en 1238, n'était-il pas fils de Guillaume de la Noüe, le preux chevalier breton mort en 1200, et dont le tombeau se voyait dans l'église de Fresnay (*Preuves*, 3, 4)? L'écu « d'azur au besant d'or » ne serait-il pas le blason originel des aïeux de la Noüe-Bras-de-fer, et ne l'auraient-il pas quitté, comme tant de gentilsh' mmes, pour adopter celui de quelque alliance ? Toujours est-il qu'à partir au moins du xvi° siècle La Noüe-Briord porte : *d'argent fretté de sable* (aliàs *treillissé de dix pièces de sable*), *au chef de gueules chargé de 3 têtes de loup arrachées d'or.*

La Noüe-Bogard, branche cadette de La Noüe-Briord, porte : *d'azur à la croix d'argent cantonnée de 4 gerbes d'or.* Ce sont là des armes d'alliance. « Guillaume de la Noüe, dit La Chenaye, épousa vers l'an 1460 demoiselle N... de *Lisseneuve*, dont il prit les armes. » Il faut lire « Lisseneuc » ou « Lissineuc », nom d'une terre sise en Plélo, donnée par Mahaut de Plouha à l'abbaye de Beauport, et inféodée par celle-ci, en 1294, à Thomas le Nor-

---

[1] *Chart. de crois.*, num. 367. — Notons qu'on trouve en 1294 « Alain Nuz », chevalier breton. (D. Morice, I, 1114.)

mand, [1] dont les descendants durent certainement, selon la coutume, prendre le nom de leur fief.

M. de Courcy fait de la Noüe-Briord et de la Noüé-Bogard deux familles distinctes ; il fait venir cette dernière de Touraine en Bretagne ; elle n'y vint pas, mais elle y revint, et en Touraine elle était tenue d'origine bretonne. [2] Les vieilles migrations ont produit de ces incertitudes et de ces méconnaissances à l'égard de maintes familles ; sans aller plus loin, j'en relève un exemple dans la mienne : les descendants de Raymond de Poli, [3] premier Consul d'Avignon en 1218, avaient émigré à Pignerol ; J. B. de Poli revint vers 1530 dans le Comtat, où il acquit la seigneurie de Saint-Tronquet ; dans un document avignonnais de cette époque, il est dit « venu de Pignerol », tandis qu'à Pignerol sa famille était réputée « venue d'Avignon ». [4] — A défaut des preuves que l'on trouvera ci-après, la bienveillance singulière et l'efficace protection accordées aux

[1] Arch. des Côtes-du-N. — *Anc. évéchés de Bret.*, IV, 68, 118, 211.

[2] C. de Busserolle, *Arm. de Tour.*, p. 708.

[3] Joudou, *Hist. d'Av.*, p. 176 : « Notum sit omnibus quod, anno 1218, existentibus in civitate avenionensi consulibus Raymundo de Polo, etc. »

[4] Lettre de M. Camussi, bibl. de la ville de Pignerol, 19 nov. 1881.

la Noüe-Bogard, à la fin du XVIe siècle et après, par les princes amis de François de la Noüe-Bras-de-fer, notamment par le duc de Montpensier, suffiraient à constituer une grave présomption de consanguinité.

V

ILLUSTRATIONS

Guillaume de la Noüe, mort en 1200, fut un des douze chevaliers choisis par Constance, duchesse de Bretagne, pour terminer, dans un combat con-tre pareil nombre de guerriers anglais, le différend des deux nations. (*Preuves*, 4.) De nombreux mem-bres de ce lignage servent le Roi dans la guerre na-tionale contre l'Anglais, notamment Gilles, écuyer du connétable du Guesclin, Jean de la Noüe, qui fit montre de sa compagnie en 1392, et Yves, un des plus braves capitaines de son temps (*Preuves*, 14-56).

François de la Noüe, qui se distingua vers 1510 dans les guerres d'Italie, était l'aïeul du célèbre François, dit Bras-de-fer, capitaine de 50 hommes d'armes des ordonnances, lieutenant-général des armées, un des plus fameux hommes de guerre du xvıe siècle, politique consommé, négociateur habile, penseur profond, écrivain de haut mérite, une des gloires les plus pures du parti huguenot, une des gloires aussi de la France ; car ce huguenot eut le patriotique courage de conseiller à son royal maître et ami de quitter le calvinisme. Il allait être fait maréchal de France, dont il avait le brevet d'expectative, lorsqu'il fut tué au siége de Lamballe. Henri IV, qui l'aimait fraternellement (*Preuves*, 135), le pleura comme un de ses plus loyaux serviteurs. Son portrait est à Versailles.

Odet de la Noüe, son fils aîné, gentilhomme de la chambre, maréchal-de-camp, ne se contenta pas des lauriers de la guerre ; il cueillit également ceux du Parnasse ; ses poésies ne manquent pas de force, ni de grâce. — Charles de la Noüe, seigneur de Vair, conseiller au parlement de Bretagne, maître-des-requêtes, chancelier du duc d'Anjou (frère d'Henri III), « fut employé avec distinction dans les affaires les plus importantes de l'Etat ». [1]

Jacques, son arrière-petit-fils, comte de Vair, brigadier des armées, était le frère aîné de Joseph

[1] La Chenaye. — *Preuves*, 133-156, pass.

de la Noüe, qui fut lieutenant-général en Bavière. Gabriel-François, comte de la Noüe-Vieuxpont, petit-fils de Jacques, fut colonel d'un régiment d'infanterie de son nom sous Louis XV, puis ministre plénipotentiaire, général-major et chambellan de l'Electeur de Cologne. Il était le frère aîné de : Guillaume-Alexandre, vicaire-général de Meaux, abbé commandataire de Saint-Séverin ; Jean-Marie, colonel et chevalier de Saint-Louis ; le chevalier de la Noüe, capitaine au régiment de Marcieu, tué à Minden ; Stanislas Louis, comte de Vair, le célèbre auteur des *Nouvelles Constitutions Militaires*, lieutenant-colonel commandant les volontaires de l'armée du maréchal de Broglie, tué en Westphalie, et dont la mémoire fut honorée des regrets de Louis XV.

René-Joseph, comte de Vair, fut lieutenant-général des armées, à la fin du règne de Louis XVI. César-Marie-Guillaume de la Noüe, sous-lieutenant au régiment royal du Dresnay, fut pris à Quiberon et périt à Vannes le 25 août 1795.

Fidèles à de nobles traditions de valeur, de patriotisme et de dévouement, trois membres de cette famille, un du nom d'Henri et deux du nom de Charles, ont porté de nos jours avec honneur, à Rome et dans la douloureuse campagne de France, le chevaleresque uniforme des Zouaves Pontificaux ; campagne dans laquelle Charles de la Noüe des Salles a trouvé une mort glorieuse sur le plateau d'Auvours, au milieu des mobiles des Côtes-du-Nord.

VI

HONNEURS

La maison de la Noüe a produit des gentilshommes de la Chambre et des chevaliers de l'Ordre
du Roi, un capitaine de 50 hommes d'armes des
Ordonnances, des officiers généraux et supérieurs,
des chevaliers de Malte, de Saint-Louis et de Saint-
Lazare de Jérusalem, des trésoriers-généraux de
Bretagne, sept conseillers au parlement de cette
province, des gouverneurs de châteaux, un gentil-
homme de la manche du duc d'Orléans (frère de
Louis XIII), des conseillers d'Etat, des chance-
liers de la reine Marie de Médicis et de la duchesse d'Orléans, un capitaine des gardes du prince
de Condé, un lieutenant des maréchaux de France,

des mestres-de-camp, des écuyers des ducs de Bretagne, des gardes-du-corps de Louis XIV, un page de Louis XV en sa grande écurie, un inspecteur général commandant les milices garde-côtes de Bretagne, un archidiacre de Saint-Brieuc, et probablement un abbé de N. D. de Geneston, en 1246 (*Preuves*, 8).

Depuis le XII⁰ siècle, les membres de cette maison sont qualifiés chevaliers, valets, écuyers, nobles hommes, monseigneur et messire, et, à partir de la fin du xv⁰ siècle, nobles, hauts et puissants seigneurs. — Ils ont siégé dans l'ordre de la Noblesse aux Etats de Bretagne (*Preuves*, 322), et fait leurs preuves pour entrer dans les maisons royales ; ils ont été, plusieurs fois maintenus dans leur noblesse [1], notamment par deux arrêts du parlement de Bretagne (*Preuves*, 330, 336) [2].

Par lettres données à Paris, au mois de juillet 1653, Louis XIV érigea la baronnie de Vair en titre et dignité de comté, en faveur de Charles de la Noüe, « et en considération des recommandables et signalés services rendus aux Rois prédécesseurs de Sa Majesté » par les ascendants du bénéficiaire

---

[1] P. de Courcy, II, 217.

[2] Il n'a malheureusement pas été possible de retrouver ces deux arrêts, indiqués par M. de Courcy, (II 217).

(*Preuves*, 209). Les titres de barons de Crenolles et de Nazelles, comtes de la Noüe-Vieuxpont, marquis, comtes et vicomtes de la Noüe, comtes de Nazelles, des Aubiers et de Bogard, ont été aussi portés par ses descendants (*Preuves*, 213, 233, 249, 264, 265, 270, 288, 290, 315, 320, 343, 344).

VII

POSSESSIONS

BRETAGNE. — La Noüe, Guibretoux, la Brosse, en Fresnay ; la Nivardière, la Noë, en Bouaye : la Hunaudais, Ataron, la Noë, en Saint-Colombin ; Toulan, Vieillecour, en Guémené-Penfao ; la Noë, la Ramée, en Prinquiau ; Briord, en Port-Saint-Père ; Launay-Bazouin, en Fougeray ; la Boissière, en la Renaudière ; Loriardière, en le Bignon ; la Verrière, en Saint-Donatien ; la Noüe, la Toubraye-d'Arsangle, en la Chevrollière ; la Noë, en Goulaine ; Malnoë, en Cheix, Rouans et le Pellerin ; la Noë, en Sautron ; la Noüe, en Saint-Mars-la-Jaille ; la Noë, la Moricière, [1] en Saint-Philbert de Grand-

[1] Cette seigneurie passa, au xviii° siècle, dans la famille Juchault, dont était l'illustre général de La Moricière.

2

lieu ; la Vrignais, la Chignardière, en Machecoul ;
le Plessis de Vair, en Saint-Herblon ; Savenières, en
Anetz ; la Noë, en Vertou ; la Noë, en Vigneux ;
la Noë en Saint-Etienne de Montluc ; Basoges, en
Lavau ; les Planches, en Pacé ; le Haut-Plessis, en
Clayes ; la Rochebernard, en Nivillac ; les châtel-
lenies de Saint-Etienne-de-Montluc et de Vezins ;
Lissineuc, en Plélo ; les Salles, en Ploubazlanec ;
Bogard, la Villenorme, Villedavy, en Quessoy ;
Crenolles, en Plessalo ; les Aubiers. en Hillion ;
la Villemorel, en Pordic ; Limoëlan, en Sévignac ;
Carvidy, en Yffiniac ; la Rochecanniot, en Plé-
dran ; la Lande, en Tremeloir ; la Touche-à-la-
Vache, en Crehen ; la Villegourio, en Morieux ; la
Villegourhan, la Villesnault, la Chapelle, en Hénan-
sal ; Duault, le Loroux-Bottereau, Vigneux, Anetz,
le Chaffaut, Kerraoul, la Chapelle-sur-Erdre, Coëtcouvran, la Brehaudière, Lesemeuc, le Pont-en-Ver-
tais, Treillières, Boisgreffier, l'Epine-Gaudin, la
Porte-Bernier, Orvault, Saint-Armel.

TOURAINE. — La Noüe, Grigné, la Vaubreton,
Rochepiché, en Parilly ; Villaigron, en la Roche-
Clermaut ; Néman, en Avoine ; la Gilberdière, en
Savigny ; la Bourrelière, Nazelles.

ANJOU. — La Noüe, en Brissarthe (?) ; Angrie,
Chavagnes.

POITOU. — La châtellenie de Montreuil-Bonnin, le Châtellier, Massognes.

PERCHE. — Bretoncelles, Montchauvel, le Saussoy, le Tronchay, la Beuvrière, Montisambert.

ROUERGUE. — Téligny.

LANGUEDOC. — Saint-Guiraud, en Castelnau-Barbarens ; Laugareille ; Séguinot.

VIII

ARMORIAL DES ALLIANCES

ALARD, *Orléan.* : d'arg. au chevron de g. acc. de 3 têtes d'oie de même, au chef d'az. ch. de 3 coq. d'or.

AUFFRAY DU GUÉLAMBERT, *Bret.* : de sin. à 3 besants d'arg. posés en barre, à la bord. d'herm. ; *alias*, fascé d'arg. et de sa. de 6 p. au lion d'or, armé, lamp. et cour. de g. brochant.

BARRE (la), *Touraine* : d'az. à la bande d'arg. acc. de 2 croiss. d'or, un en chef et l'autre en p. [1]

BASOGES, *Poitou, Bret.* : d'az. au lion burelé d'arg. et de g. de 10 p.

BELLENGREVILLE, *Norm.* : d'az. à la croix d'or, cant. de 4 merlettes de même, *alias* d'arg.

BERTHO, *Bret.* : d'or à l'épervier grilleté de

[1] Preuv. de Malte, 1662.

sa.,la tête contournée, acc. de 3 molettes de même.

BOSSART, *Bret.*: d'arg. au croiss. de sa., acc. de 9 merlettes de même en orle.

BOSCHAT, *Bret.*: de sa. au chat passant d'herm.

BOURNE (du), *Bret.*: d'arg. au chef d'az. chargé de 3 macles d'or.

BREIL-PONTBRIAND (du) *Bret.*: d'az. au lion morné d'arg.

BRETAGNE : d'hermines plein.

BRIOT, *Bret.*: de g. au chevron d'arg., acc. en chef de 2 croix patt. d'or, et en p. d'une tête de léop. de même.

BRUC, *Bret.*: d'arg. à la rose deg. boutonnée d'or.

BRUNEAU, *Poitou*: d'arg. à 7 merlettes de sa., 3-3-1.

BUTAY, *Bret.*: d'argent plein.

CAHIDEUC, *Bret.*: de g. à 3 têtes de léop. d'or, lamp. de g.

CARLIER (le), *Pic.*, *Bret.*: parti, au 1, d'arg. au lion de sa.; au 2, de sa. à la roue d'or.

CARNÉ (?), *Bret.*: d'or à 2 fasces de g.

CHAPELLE (la), *Bret.*: d'arg. à 6 annelets d'az., 3-2-1.

CHATEAUBRIAND, *Bret.*: de g. semé de fleurs-de-lis d'or.

CHEVALIER, *Poitou*: de g. à 2 épées d'arg. en sautoir, les gardes et poignées d'or, et un heaume d'arg. posé de profil en pointe.

CORDOUAN, *Maine*: d'or à la croix engr. de sa., cant. de 4 lionceaux de g., arm. et lamp. de sa.

CORNULIER, *Bret.*: d'az. au rencontre de cerf d'or, surm. d'une mouch. d'herm. d'arg. entre les cornes.

DESRAME, *Bret.*: d'argent plein.

DESPREZ, *Bourg.* d'or au lion naiss. de g. coupé d'az.

DREIZEUC (du), *Bret.*: de g. au chevron d'herm. surm. d'une coquille d'or.

ESPERVIER (l'), *Bret.*: d'az. au saut. engr. d'or, acc. de 4 besants de même.

GESLIN, *Bret.*: d'or à 6 merlettes de sa.

GOUZILLON, *Bret.*: d'or à la fasce d'az., acc. de 3 pigeons de même, becq. et membr. de g.

GOYON, *Bret.*: d'arg. au lion de g. couronné d'or.

HATTE, *Orléan.*: de g. au chevron d'or acc. de 3 étoil. d'arg.

HEMERY, *Bret.*: d'or à trois chouettes de sable, membr. et becq. de g., et un annelet de sable en abîme.

HINGANT. *Bret.*: de sa. à 3 épées d'arg. garnies d'or, rangées en fasce. [1]

[1] P. de Courcy. — *Armor. du héraut Navarre*: « HINGANS, de g. à une fasce d'or et 6 bill. de même, 3 en haut et 3 en bas. » — Longchamps, p. 159: 7 bill. et un lambel d'azur.

JOLLY, *Maine*, *Tour.* : de sa. à la fasce d'arg.

KERGARIOU, *Bret.* : d'arg. fretté de g., au fr. quart. de pourpre chargé d'une tour d'arg. maç. de sable.

LANGAN, *Bret.* : de sa. au léop. d'arg., armé, lamp. et cour. de g.

LANNOY, *Flandre* : d'arg. à 3 lions de sin., arm. et lamp. de g., cour. d'or.

LAUZIÈRES, *Languedoc* : d'arg. au buisson d'osiers de sin.

LAVAL, *Bret.* : d'or à la croix de g. chargée de 5 coq. d'arg. et cant. de 16 alérions d'az.

LISCOËT (du), *Bret.* : d'arg. au chef de g. chargé de 7 billettes d'arg., 4-3.

LISSINEUC, *Bret.* : d'az. à la croix d'arg. cant. de 4 gerbes d'or.

LORGERIL, *Bret.* : de g. au chevron d'herm., acc. de 3 molettes d'or.

LURÉ, *Tour.* : d'herm, à 3 quintef. de g.

MAGON, *Bret.* : d'az. au chevron d'or, acc. en chef de 2 étoiles de même, et en p. d'un lion aussi d'or, cour. d'arg.

MALESTROIT, *Bret.* : de g. à 9 besants d'or.

MAUDET, *Bret.* : losangé d'or et de g.

MAUNY, *Bret* : d'herm. papelonné de g., au fr.

quartier de sa. chargé d'une fleur-de-lys d'arg. dé-
faillante à sénestre.

MÉHÉRENC, *Bret.* : d'arg. au chef d'az.

MESLÉ, *Bret.* : d'az. au vaisseau d'or sur une mer
de sin., surm. à dextre d'une étoile d'arg.

MÉTAYER (le), *Bret.* : d'az. à la croix engr. d'or,
cant. de 4 fleurs-de-lys d'arg.

MONIÈS (le), *Lang.* : de g. à 3 band. d'or, au chef
d'az. chargé d'un soleil d'or.

MOUSSY, *Bret.* : d'az. à la croix ancrée d'or, au
croiss. de même en pointe.

MUSSE (la), *Bret.* : de g. à 9 besants d'arg., *alias* d'or.

NOUEL, *Bret.* : d'arg. au pin de sin., soutenu de
2 cerfs affr. et ramp. de sa.

ODESPAING, *Tour.* : d'or à la croix d'az. engr. de sa.

PERRAULT, *Tour.* : de g. au saut. d'or, acc. d'une
los. d'arg. en chef et d'une roche de même en p.

PIERRE-BUFFIÈRE, *Limousin* : de sa. au lion d'or.

PLESSIS-GRÉNEDAN, *Bret.* : d'arg. à la bande de g.
chargée de 3 macles d'or, surm. d'un lion de g.
armé, lamp. et cour. d'or.

PLOUER, *Bret.* : de g. à 6 quintef. d'or.

POIX-FRÉMINVILLE (la), *Bourg.*, *Bret.* : d'az. au chevron d'arg. acc. de 3 coq. d'or, au chef du même,
chargé de 3 bandes de g.

PONT (du), *Bret.* : d'arg. à 2 chevrons de g.

PORC (le), *Bret.* : d'or au sanglier ramp. de sa.

PREISSAC, *Gasc.* : d'arg. au lion de g., armé, lamp. et cour. d'az.

PRINGLE, *Ecosse, Bret.* : d'arg. à la bande de g., chargée de 3 coq. d'or.

RANCHER, *Berry* : d'az. au saut. d'or, cant. de 4 annelets de même.

RODDE (la), *Lang.* : d'az. à la roue d'or, au chef d'arg. chargé de 3 chevrons de g. rangés en fasce.

ROUX DE KERNINON (le), *Bret.* : écart. d'arg. et de g.

SADIRAC, *Gasc.* : de g. au chevron d'arg., acc. de 3 étoiles de même.

SAINT-GEORGES-VÉRAC, *Poit.* : d'arg. à la croix de g.

SAINT-PERN, *Bret.* : d'az. à 10 bill. vidées d'arg.

SAINT-SIMON-COURTOMER, *Norm.* : de sin. à 3 lions d'arg.

SENOUVILLE, *Orléan.* : de g. au lion d'or tenant entre ses pattes une barre d'arg.

TÉLIGNY, *Rouergue* : de sa. à la bande d'or, à la bord. de g.

THÉAL, *Bret.* : de g. au croiss. burelé d'arg. et d'az. de 10 p.

TREMERREUC, *Bret.* : échiq. d'arg. et de g.

VALLOU DE LANCÉ, *Chartr.* : de g. à l'étoile à 5 rais d'or.

VICOMTE (le), *Bret.* : d'az. au croiss. d'or.

VIEUXPONT, *Norm.*, *Bret.* : d'arg. à 10 annelets de g., 3-3-3-1.

VILLÉON (la), *Bret.* : d'arg. au houx arr. de sin., au chef de sa. fretté d'or.

IX

SOURCES

AMIRAULT (Moïse), *La Vie de François, Seigneur de la Noüe*, 1661.

Anc. évéchés de Bretagne. Voir GESLIN.

ANSELME (le P.), *Hist. généalogique*.

ARBOIS DE JUBAINVILLE (H. d'), *Actes des comtes de Champagne*.

Archives de l'Aube.

— du château des Aubiers, à M. le vicomte de la Noüe.

— du Conseil Héraldique de France.

— de la Cour de Rennes.

— de la Loire-Inférieure.

— du Ministère de la Guerre.

— du Ministère de la Marine.

— de la ville de Nantes.

— de la Vienne.

Armorial du héraut Navarre. Cab. des titres, num. 1079.

BELLAGUET (L.), *Chroniq. du religieux de S. Denis.*

BERGER DE XIVREY, *Lettres missives d'Henri IV.*

BERNIER (Adelin), *Monum. inéd. de l'hist. de France.*

BOITEL (*l'abbé*), *Rech. sur Esternay.*

CARRÉ DE BUSSEROLLE, *Armorial de Touraine.*

Carrés de d'Hozier (*Coll. des*). B. N., Cab. des ti·tres.

Cartul. de Froimont. B. N., lat. 11001.

— *de S. Cyr-de-Friardel.* B. N., lat. nouv. acq. 164.

— *de Saint-Serge.* Arch. de Maine-et-Loire.

— *de Senlis.* B. N., lat. 997 .

Chartes de Croisade. B. N., lat. 17803.

CHASTELLUX (Cte de), *Notes prises aux Arch. de l'état civil de Paris.*

CLAIRAMBAULT, *Titres scellés.* B. N.

Collection d'Anjou et Touraine. B. N.

— *de Bretagne.* B. N.

CORNULIER (Cte de), *Dict. des terres du comté Nan·tais.*

COUFFON DE KERDELLECH (A. de), *Rech. sur la chevalerie de Bretagne.*

COURCY (P. de), *Nobil. de Bretagne*, 2° éd.

DE CAMPS, *Nobil. historique*. B. N.

DENAIS (J.), *Armorial d'Anjou*.

Dossiers bleus. B. N., *Cab. des titres*.

DU CANGE, *Glossarium*.

DU CHESNE (Mss. d'André). B. N. t. LXVIII, f. 262.

DU FOURNY, *Gens d'armes de l'hostel du Roy*. Cab. des titres, num. 684, non pag.

DU PAZ, *Hist. généal. de plusieurs maisons illustres de Bretagne*, 1620.

Extraits de Bretagne. B. N. franç. 22319.

FONTANIEU (*Portef. de*). B. N.

GAIGNIÈRES, *Abbayes de Bretagne*. B. N., lat. 17092.

Gallia Christiana.

GAVARD, *Galeries hist. de Versailles*.

GESLIN DE BOURGOGNE et A. DE BARTHÉLEMY, *Anc. évêchés de Bretagne*.

GOURNERIE (Eug. de la), *Liste des victimes de Quiberon*; dans la *Revue de Bretagne et Vendée*, série IV, tome VI.

GUÉRARD, *Cartul. de N. D. de Paris*.

GUICHENON (Coll.). Bibl. de Montpellier.

GUILHERMY (F. de), *Inscriptions de la France*.

HAUDICQUER DE BLANCOURT, *Mém. généalogiques*. Cab. des titres, num. 99, p. 273, et 101, p. 18-20.

Hozier (d'), *L'impôt du sang, publ. par L. Paris.*

Kersauson (J. de), *Hist. généal. de la maison de Kersauson.*

La Chenaye-Desbois, *Dict. de la Nobl.*, 2ᵉ éd., 1776.

Lainé, *Généal. de la maison de Cornulier.*

Longchamps (F. de), *L'anc. héraut breton.* B. N. franç. 5659.

Marchegay, *Cartul. des sires de Rays.*

Michaud, *Hist. des Croisades,* 5ᵉ éd., 1838.

Mondonville (*Mém. du prieur de*). B. N.

Montres (Coll. des). B. N.

Moréri, *Grand dict. historiq.*, éd. 1725.

Morice (dom), *Preuves de l'hist. de Bretagne.*

Pauli (Séb.), *Codice diplom. dell'Ordine Gerosol.*

Pièces originales (Coll. des), B. N., Cab. des titres.

Pinard, *Chronologie hist. militaire,* 1763.

Puli (O. de), *Montres inéd. de gens d'armes bretons,* ap. *Revue hist. de l'Ouest,* 1885.

Port (C.), *Dict. hist. de Maine-et-Loire.*

Registres de la paroisse protestante de Saint-Hélier de Jersey.

— *paroiss. de S. Jean-en-Grève* (Paris). B. N. Cab. des titres, num. 762.

Revue historique de l'Ouest, 1885.

— *des provinces de l'Ouest.*

RIETSTAP, *Armorial général*, 1re éd.

ROGER (P.), *La Nobl. de France aux Croisades.*

ROZIÈRE (E. de), *Cartul. du S. Sépulcre.*

SAINT-ALLAIS, *Nobil. universel.*

Trésor des Chartes. Arch. Nat.

Vermandois (le), revue, 1873.

VILLEVIEILLE (dom), *Trésor généal.* B. N., Cab. des titres.

X

POST-SCRIPTUM

Le « précis généalogique » diffère de l' « histoire généalogique » en ce qu'il est seulement un abrégé ; il résume les faits et les preuves, dont il ne donne que la substance, ou les extraits strictement utiles ; c'est la pierre d'attente d'un monument, dont les matériaux essentiels sont tout trouvés.

Lorsque j'entrepris des recherches sur la maison de la Noüe, dans la pensée, sans doute ambitieuse, de faire une sorte de type du précis généalogique, j'ignorais qu'elle fût encore représentée ; je croyais qu'elle s'était, comme tant d'autres vieilles races, éteinte dans un exil ingrat, dans la nuit de l'émigration. J'avais réuni les principaux éléments de cette étude, lorsque j'eus l'honneur d'être mis en rapport avec M. le vicomte de la Noüe, grâce à la situation que j'occupe, *etsi indignus*, au Conseil Hé- raldique de France. Mon œuvre alors se trouva heureusement complétée par la gracieuse communication des titres de famille conservés au château des Aubiers. Je ne saurais en être trop reconnaissant.

Je dois aussi beaucoup de gratitude à deux savants champenois, MM. Louis Le Clert et Alphonse Roserot, membres honoraires du Conseil Héraldique, dont l'obligeance égale le savoir ; — à M. Henri d'Arbigny de Chalus, secrétaire-général du Conseil Héraldique, dont l'aide m'est toujours si précieuse ; — à M. le comte Régis de l'Estourbeillon, l'érudit et courtois secrétaire-général de la Société Archéologique de Nantes et de la Société des Bibliophiles Bretons, membre honoraire du Conseil Héraldique, dont les communications ont largement enrichi le trésor des *Preuves* que j'ai placées à la fin de ce précis.

On remarquera, dans l'essai généalogique qui va suivre, que les neuf premiers degrés de la filiation, sauf deux, sont incertains ; mais cette incertitude n'amoindrit pas la haute ancienneté de la maison de la Noüe, considérable encore par ses services, ses charges, ses honneurs, ses alliances et ses illustrations.

PRÉCIS GÉNÉALOGIQUE

XI

SEIGNEURS DE LA NOUE, EN FRESNAY

VIVANT et SALOMON DE LA NOUE vivaient vers 1085, qu'ils furent témoins d'une sentence en faveur de l'abbaye de Saint-Serge d'Angers (*pr.*, 1). [1]

I. — GARNIER DE LA NOUE, vivant en 1152 (*pr.*, 2), peut être présumé père du suivant.

II. — GUILLAUME, seigneur de la Noüe, chevalier, mourut en 1200. Il fut inhumé dans l'église de Fresnay, où son tombeau existait encore en 1661 (*pr.*, 3, 4). Il est présumé père du suivant.

III. — JEAN, seigneur de la Noüe, chevalier, testa au mois de mars 1246 et fit un legs à l'abbaye de

---

[1] Voy. ci-dessus le chap. II de *l'Introduction.*

Geneston, où il élut sa sépulture, et où son obit se célébrait le 15 des calendes de janvier (*pr.*, 7, 11). Il fut père de Jean de la Noüe.

Jean, abbé de Geneston en 1246, était peut-être de cette famille (*pr.*, 8).

IV. — JEAN II, seigneur de la Noüe, chevalier, est dit fils de feu Jean de la Noüe, chevalier, dans une enquête faite en 1263 par l'abbé de Geneston (*pr.*, 9). En 1264, il devait à Amicie du Chastelier 8 deniers de rente, que celle-ci transporta à l'abbaye de Villeneuve (*pr.*, 10). Son obit se célébrait le 10 des calendes de mars à N. D. de Geneston (*pr.*, 11). Il fut très probablement père du suivant.

V. — JEAN III, seigneur de la Noüe, damoiseau, était mort avant 1286. Son obit se célébrait le 4 des nones d'août à N. D. de Geneston (*pr.*, 11). Il est présumé père du suivant.

VI. — GUILLAUME II, seigneur de la Noüe, damoiseau, vivait en 1308 (*pr.*, 12). Il peut être présumé père du suivant.

VII. — GUILLAUME III, seigneur de la Noüe, était mort en 1371, que partie de ses biens fut confisquée sur ses héritiers par Charles V et donnée à Jeanne de Ruis (*pr.*, 16). Il fut très probablement père de :

1° Olivier, qui suit :

et peut-être de :

2° Jean, écuyer de G. Fretel, en 1369 (*pr.*, 14) ; ce peut être le même que Jean de la Noüe, nommé en 1390 procureur du comté de Montfort (*pr.*, 27), et peut-être fut-il père de Jean de la Noüe, seigneur de Loriardière en 1423 (*pr.*, 53) ;

3° Girard, auteur des seigneurs de la Noüe en Passay, qui suivront ;

4° Gilles, écuyer du connétable du Guesclin en 1370 (*pr.*, 15) ;

5° Maurice, appelé « de Lannoy, » servant en 1370 avec Gilles de la Noüe sous le connétable (*pr.*, 15).

VIII. — OLIVIER, seigneur de la Noüe, apparaît dans des titres de 1365 (*pr.*, 13). C'est très probablement lui qui est appelé « Olivier de Lannoy », en 1372, dans la montre du sire de Rais (*pr.*, 17). En 1373, il prêta serment de fidélité à Jean V, duc de Bretagne (*pr.*, 18). Il fut très probablement père de :

1° Guillaume, qui suit ;

2° Jean, seigneur de Vigneux, mentionné dans les titres de la baronnie de Rais en 1392 (*pr.*, 28) ; qualifié messire et écuyer dans la montre de sa compagnie de huit écuyers, reçue au Mans le 4 août de la même année, et dans laquelle figure Gilles de la Noüe (*pr.*, 29) ; qualifié monseigneur et chevalier, seigneur de la Noüe (en Saint-Colombin) et de la Moricière (en Saint-Philbert), de 1407 à 1423 (*pr.*, 34, 43, 45, 46, 49, 50, 52); en 1407, il possédait des fiefs dans la paroisse du Pèlerin (*pr.*, 34); en 1420, il était un des seigneurs ligués avec le duc de Bretagne contre les Penthièvre (*pr.*, 49). Il testa le 10 juin 1423, à Nantes (*pr.*, 53). Il ne laissa de son alliance avec Jeanne du Pont (*pr.*, 52, 58), morte vers 1438, que des filles, toutes nommées dans son testament:

a) Annette, femme de Bertrand de Tréal;

b) Marie, dame de Vigneux, femme de Guillaume Desrame, 3° fils de Guillaume, chevalier, et de Marguerite de la Forest (*pr.*, 53, 58, 58 [4], [5], 62);

c) Briette, sans all. en 1423 (*pr.*, 53).

3° Maurice, auteur des seigneurs de Toulan, devenus seigneurs de la Noüe à l'extinction de la branche aînée, qui suivront;

4° Marie, qui en 1400 fit l'abandon de ses droits à Jean, son frère (*pr.*, 31, 32);

5° Jamette, femme de Jean Bossart, nommée dans le testament du dit Jean, son frère (*pr.*, 53);

6° Tiphaine, en 1420 dame de Vieillecour en Guémené-Penfao et femme de Pierre de Bruc (*pr.*, 48 bis).

On trouve vers cette époque :

Bertrand de la Noüe, écuyer de Pierre de Mornay, en 1385 (*pr.*, 22) ;

Robin de la Noüe, écuyer de Jean Brichart, chevalier, en 1386 (*pr.*, 24) ;

Perrinet de la Noüe, écuyer du sire de Rochefort, chevalier banneret, en 1386 (*pr.*, 25) ;

Alain de la Noüe, écuyer de Renaud de Montferrand, chevalier, en 1386 ; du sire de Mailly en 1412 ; nommé en 1418 au nombre des chevaliers qui accompagnèrent en France le duc de Bretagne (*pr.*, 23, 39, 44) ;

Raoul de la Noüe, écuyer de Jean de Flauville, chevalier, en 1388 (*pr.*, 26).

IX. — GUILLAUME IV, seigneur de la Noüe, possédait en 1383 des fiefs et héritages en la paroisse de Sautron (*pr.*, 19). L'année suivante, il prêta serment de fidélité au duc de Bretagne, qui venait d'être mis en possession de Machecoul et des autres châteaux de la baronnie de Rais (*pr.* 20), et il souscrivit le traité conclu entre ce prince et l'évêque et les habitants de Saint-Malo (*pr.*, 21). En 1396, il tenait à foi et hommage des mouvances de la seigneurie de Goulaine (*pr.*, 30). En 1402, il rendit aveu à la châtellerie des Huguetières pour la terre noble de Guibretoux (*pr.*, 33) ; en 1408, à la sei-

gneurie de Loyaux pour ses terres, fief et juridiction
de la Noüe (*pr.*, 135) ; en 1411, au sire de Rais
(*pr.*, 36). Son tombeau et celui d'Anne de Bretagne, sa femme, se voyait encore en 1661 dans
l'église de Fresnay (*pr.*, 37). Il mourut vers 1417,
ne laissant qu'une fille, qui suit.

X. — JEANNE, dame de la Noüe, fut mariée à
Jean, seigneur de Basoges, avec lequel elle rendit
aveu en 1417 et 1445 (*pr.*, 42, 59). Ils moururent
avant 1453, sans enfants, ayant légué tous leurs
biens à Maurice de la Noüe, cousin-germain de
Jeanne.

On trouve vers cette époque : Macé de la Noüe,
écuyer du bègue de Grouches, en 1412 (*pr.*, 38) ;
Yves de la Noüe, vaillant capitaine breton au service du Roi, en 1414 (*pr.*, 40) ;

Etienne de la Noüe, nommé en 1418 au nombre
des chevaliers qui accompagnèrent en France le duc
de Bretagne (*pr.*, 44).

XII

SEIGNEURS DE LA NOUE, EN PASSAY

Le point de soudure de cette branche est des plus problématiques ; mais sa consanguinité avec les seigneurs de la Noüe en Fresnay ne saurait faire doute ; ceux-ci étaient possessionnés dans la paroisse de la Chevrollière (*pr.*, 32) dont faisait partie la seigneurie de Passay ; les biens des deux branches se confinaient ; Girard de la Noüe de Passay, en 1423, est un des témoins présents au testament de Jean de la Noüe, de la branche de Fresnay (*pr.*, 53). Mais tout est incertitude en ce qui concerne celle de Passay sur laquelle les documents font à peu près défaut.

VIII. — GIRARD de la Noüe de Passay, présumé

fils de Guillaume III, et Olive, sa femme, sœur uté-
rine de feu Guyon Boüessel, vivaient en 1368 (*pr.*,
13 bis). En 1372, il fut un des exécuteurs testamen-
taires de Sevestre du Chaffaut, chevalier (*pr.*, 17
bis). Il fut probablement père du suivant.

IX. — JEAN de la Noüe de Passay, chevalier, vivant en 1392 (*pr.*, 28 bis), fut probablement père
de : 1° Girard, qui suit; 2° Guillaume, auteur des
seigneurs de la Ramée, qui suivront.

X. — GIRARD de la Noüe de Passay, II° du nom,
vivant en 1423 (*pr.*, 53), fut probablement père de :
1° Jeanne, qui suit; 2° Catherine, dame de la Toubraye-d'Arsangle, en la Chevrollière, en 1440, (*pr.*,
58 ter).

XI. — JEANNE de la Noüe de Passay vivait en
1464, femme de Renaud de Ploüer (*pr.*, 77 ter).

XIII

SEIGNEURS DE TOULAN ET DE GUIBRETOUX
(SEIGNEURS DE LA NOUE-BRIORD)

IX. — Noble écuyer MAURICE de la Noüe (3º fils d'Olivier 1ᵉʳ) était en 1414 écuyer de Bertrand de Dinan, seigneur des Huguetières, maréchal de Bretagne (*pr.*, 41) ; en 1419, seigneur de Toulan (*pr.*, 47) ; en 1420, écuyer du maréchal de Coëtquen (*pr.*, 48) ; en 1425, un des seigneurs qui accompagnèrent à Amiens le duc de Bretagne (*pr.*, 54) ; en 1427, seigneur de Guibretoux (*pr.*, 54 ³). En 1432, étant écuyer d'écurie de ce prince, il fut au siège de Pouancé (*pr.* 56). En 1447, il est qualifié « messire Morice de la Noë, trésorier et receveur général de Bretagne » (*pr.*, 60). Il mourut avant 1451. Il fut père de :

1° Maurice, qui suit ;

2° Jean, auteur des comtes de Vair, qui suivront ;
Et probablement de :

3° Guillaume, en 1421 écuyer de Jean de Tournemine, sire de la Hunaudaye, chevalier banneret, (*pr.*, 51) ;

4° Colas, châtelain de Châteaufremont en 1448 (*pr.* 61).

X. — Noble écuyer MAURICE de la Noüe, II° du nom, seigneur de la Noüe en Saint-Etienne de Montluc (*pr.*, 62 bis), rendit aveu à l'évêque de Nantes, en 1451 « pour ses fiefs et seigneurie en la paroësse de Saint-Etienne de Montluz » (*pr.*, 63). En 1451, il était en procès, devant les Etats de Vannes, avec Raoul Bouquet (*pr.*, 64).

Au décès de Jeanne de la Noüe, femme de Jean de Basoges, sa cousine-germaine, en qui s'éteignit la branche aînée, il devint seigneur de la Noüe. En 1453, il rendit aveu de la terre de Guibretoux (*pr.*, 54 ³, 69). En 1456, il était seigneur de la Boissière (*pr.*, 70 bis). En 1457, en qualité d'héritier principal de ladite Jeanne, et « du consentement d'Olivier de la Noüe, chevalier, son fils aîné », il acquitta un legs fait par elle à l'église de N. D. de Nantes pour la fondation d'une chapellenie (*pr.*, 71). En 1459, il faisait partie du conseil du duc de

Bretagne (*pr.*, 76). Il mourut en 1463. D'un acte de 1465 on pourrait inférer qu'il avait épousé N... de Carné (*pr.*, 78). Il fut père de :

1° Olivier, qui suit ;

2° et très probablement Guillaume, maître des comptes en 1457, trésorier général de Bretagne en 1459 (*pr.*, 72. 75).

On trouve vers cette époque :

Perrine de la Noüe, femme de Miles Bruneau, écuyer, seigneur de la Rabastelière, en 1438 (*pr.*, 57).

XI. — Noble chevalier messire OLIVIER de la Noüe, II° du nom, sire de la Noüe (*pr.*, 77, 79, 83), seigneur de Guémené, Toulan, Guibretoux, la Boissière et la Chignardière (*pr.*, 77, 77 bis, 79, 83), est dit fils aîné de Maurice dans un acte de 1457 (*pr.*, 71). Il rendit aveu de la seigneurie de la Noüe en 1463 (*pr.*, 77). En 1465, il faisait partie du conseil du duc de Bretagne, et signa en cette qualité le traité conclu entre ce prince et le roi Louis XI (*pr.*, 79). En 1470, il reçut aveu comme seigneur de Guémené (*pr.*, 84). En 1477, il constitua une rente au profit du chapitre de Saint-Pierre de Nantes (*pr.*, 87). En 1479, il rendit aveu au comte de Laval, comme garde du sire de la Roche (*pr.*, 89). Il épousa Jeanne de Laval, fille de Guy II, comte de Laval, chambellan du roi Charles VII, grand-veneur et grand-chambellan du roi de Sicile, gouverneur et sénéchal d'Anjou, et de Charlotte de Sainte-Maure. Il mourut en 1481 et fut inhumé dans l'église de Fresnay (*pr.*, 112). Il fut père de :

1° Jean-*François*, qui suit ;

2° Françoise, dame de la Noüe en Goulaine et d'Angrie, femme de Guillaume de Malestroit, chevalier, seigneur d'Oudon, vicomte de Connée (*pr.*, 89 bis, 92, 108) ;

3° N..., femme de Charles de Butay, écuyer, seigneur de la Roche (*pr.*, 108) ;

On trouve vers cette époque :

Perrin de la Noüe qui, en 1467, devait une rente au prieuré de Saint-Cyr de Nantes (*pr.*, 82) ;

Guillaume de la Noüe, seigneur de Malnoüe, qui en 1483 devait une rente à R. de Marbré, écuyer, à cause d'Alliette de Montauban, femme dudit écuyer (*pr.*, 93).

XII. — Jean-FRANÇOIS de la Noüe, seigneur de la Noüe, Guémené, Toulan, Basoges, Launay-Basouin, le Bois-Greffier, Lesemeuc, la Porte-Bernier et la Bouexière, qualifié en 1481 noble écuyer, puis noble et puissant seigneur (*pr.*, 91, 105, 116, 125), reçut en ladite année un aveu comme seigneur de Guémené (*pr.*, 91). En 1499, il vendit le fief de Toulan à René de Bruc et Jamet Jubier (*pr.*, 105). I' se distingua dans les guerres d'Italie, sous les maréchaux de Rieux et de Gié (*pr.*, 107). En 1510, avec Françoise, femme de Guillaume de Malestroit, sa sœur, et Charles de Butay, son beau-frère, il constitua une rente hypothécaire pour la chapellenie de la Madeleine, en l'église cathédrale de Nantes (*pr.*, 108). En 1519, Tanneguy Sauvage, baron de Rais, en considération de ses services et de sa noblesse, conféra à la seigneurie de la Noüe tous les droits de châtellenie (*pr.*, 109). Par son testament fait à Nantes le 26 juillet 1537, il élut sa sépulture en l'église de N. D. de Fresnay, auprès de son père ; légua à la ville de Nantes une rente « pour bailler, par chacun an, à quelque maistre de mestier pour apprendre ung jeune enfant de mes terres à mestier où il puisse gaigner sa vie », et fit don d'une maison « pour loger les paouvres passans » (*pr.*, 112). En 1543, il faisait partie de la garnison noble de Nantes (*pr.*, 114). Il mourut vers 1547, ayant épousé Madeleine de Châteaubriand, dame de Chavagnes, 3ᵉ fille de René, comte de Casant, et d'Hélène d'Estouteville (*pr.*, 110) ; de cette alliance vint un fils, qui suit.

XIII. — Haut et puissant seigneur (*pr.*, 117, 125) messire FRANÇOIS de la Noüe, IIᵉ du nom, chevalier, seigneur de Briord, la Roche-Bernard, Launay-Basouin, Bretoncelles et le Haut-Plessis, gentil-homme de la Chambre du roi François Ier (*pr.*, 116), était mort en 1537 lorsque testa son père (*pr.*, 112). Il avait épousé Bonaventure Lespervier, fille de François, seigneur de Briord, et d'Anne de Gouyon-Matignon ; lequel François, devenu veuf, prit l'habit des fils de Saint Dominique (*pr.*, 115-118).

De cette alliance vinrent :

1° François, qui suit :

2° Noble et puissante damoiselle *Claude*-Marguerite de la Noüe, dame de la Chignardière, mariée en 1556 à noble et puissant Jacques le Porc de la Porte, seigneur de Larchaz, baron de Vezins (*pr.*, 123, 125, 128).

XIV. — Haut et puissant seigneur messire FRANÇOIS de la Noüe, III° du nom, chevalier, seigneur de la Noüe, Briord et autres lieux, gentilhomme de la chambre du Roi, chevalier de son ordre et son conseiller en ses conseils d'État et privé, capitaine de 50 hommes d'armes de ses ordonnances, naquit en 1531. Sa vie appartient à l'histoire ; on ne men-tionnera donc ici que ceux de ses actes que l'on a retrouvés. De 1558 à 1560, il est homme d'armes et guidon de la compagnie du maréchal de Damville (*pr.*, 119). En 1562 et 1568, il rend aveu au Roi, comte du Perche, pour divers fiefs, et en 1564 on lui sert aveu, comme seigneur de la Roche-Bernard (*pr.*, 122-124, 126). A l'attaque de Fontenay, en 1570, il eut le bras fracassé par une balle (*pr.*, 134), et fut amputé ; il se fit mettre alors un *bras de fer*, d'où lui vint le glorieux surnom que la maison de la Noüe devrait tenir à honneur de relever. Fait prisonnier par les Espagnols, il dut sa délivrance aux instantes démarches du roi de Navarre, qui l'aimait « comme son propre frère » (*pr.*, 135.) Le 13 mai 1590, à l'assaut du faubourg Saint-Jacques de Paris, il fut de nouveau blessé (*pr.*, 144). Dès 1589, Henri III avait récompensé sa valeur d'un brevet d'expectative du premier bâton de maréchal de France qui viendrait à vaquer ; aucune vacance ne s'étant produite, lorque Bras-de-fer fut tué au siège de Lamballe, « petit chasteau qui lui coûtait un grand capitaine », Henri IV n'avait pu tenir la parole de son prédécesseur envers son vaillant et fidèle compagnon de fortune et de gloire. François de la Noüe avait épousé :

1° Marguerite de Téligny, fille de Louis, tué à la Saint Barthélemy, et d'Aréthuse de Vernon, sa première femme, fille de Raoul, grand-fauconnier de France, et d'Anne Gouffier de Boisy. (La 2ᵉ femme de Louis de Téligny fut Louise de Coligny, fille de l'amiral et qui, veuve, se remaria à Guillaume de Nassau, prince d'Orange) ; 2° Marie de Luré (*pr.*, 136, 145). [1] Du premier lit naquirent :

1° Odet, qui suit ;

2° Théophile, chevalier, seigneur de Téligny et de la Roche-Bernard ; il servait en 1589 dans les arquebusiers à cheval de la garde du lieutenant-général de Bretagne (*pr.*, 141); il épousa Anne Hatte (*pr.*, 158, 169), dont deux filles, Catherine et Angélique, desquelles on ignore la destinée ;

3° Jeanne, « mariée au marquis de Goyon de la Moussaye, dont elle n'eut point d'enfans » ; [2]

4° Marie, mariée : 1° à Louis de Pierre-Buffière, baron de Chamberet ; 2° à Pons de Lauzières, marquis de Thémines, maréchal de France (*pr.*, 182, 184) ; 3° à Joachim de Bellengreville, grand-prévôt de France, chevalier des Ordres du Roi ; [3]

---

[1] Cette 2° alliance n'est mentionnée dans aucune généalogie ; Michaud et Poujoulat (*Mém. pour servir à l'Hist. de France,* t. IX) l'appellent « Marie de Juré ».

[2] La Chenaye, XI, 45. — Cette alliance ne figure pas dans la généal. de la maison de Goyon (*Id.,* VII, 373); il s'agit très probablement d'un des fils d'Amaury, créé marquis de la Moussaye en 1615, époux de Catherine de Champagne ; ou peut-être Jeanne de la Noüe fut-elle la première femme d'Amaury.

[3] Le P. Anselme. — Moréri, v° *Bellengreville.* — La Chenaye.

5° Anne, mariée : 1° à David, baron de la Musse et de Ponthus (*pr.*, 184) ; 2° à Jacques, marquis de Cordouan, seigneur de Mimbré.

XV. — Haut et puissant seigneur (*pr.*, 145, 154) messire ODET de la Noüe, chevalier, seigneur de la Noüe, Téligny, Montreuil-Bonnin, etc., gentilhomme de la chambre du Roi et chevalier de son ordre, conseiller de S. M. en ses conseils d'État et privé, capitaine de 50 hommes d'armes de ses ordonnances (*pr.*, 154, 161, 162), se distingua par sa valeur au service des rois Henri IV et Louis XIII (*pr.*, 148, 149, 153), qui reconnurent par des bienfaits (*pr.*, 150, 172, 174) son dévouement et celui de sa maison appauvrie par le service de l'État. [1] Vers 1611, il rendit aveu au Roi pour sa terre et châtellenie de Montreuil-Bonnin. Comme son illustre père, il avait l'amour des lettres, et il a laissé des poésies pleines de grâce et de force. Il mourut vers 1622, ayant épousé Marie de Lannoy, d'une des plus illustres maisons de la Flandre, dont il eut un fils, qui suit.

XVI. — CLAUDE de la Noüe, chevalier, seigneur de la Noüe, Téligny, Montreuil-Bonnin, etc., gentil-homme de la Manche du duc d'Orléans (frère de Louis XIII), capitaine au régiment-colonel en 1638, maréchal des camps et armées du Roi en 1648,

[1] Voy. Amirault, p. 367.

colonel du régiment de la Noüe en 1650 (*pr.*, 191, 207), rendit aveu au Roi, vers 1643, pour sa terre et châtellenie de Montreuil, et reçut un aveu, la même année, comme seigneur châtelain dudit lieu (*pr.*, 180, 197, 198). Il mourut peu de temps après [1], ne laissant de son alliance avec Madeleine de Saint-Georges-Vérac (*pr.*, 227), qu'une fille, Marie, mariée en 1644 à Léonor-Antoine de Saint-Simon, marquis de Courtomer, dont les descendants écartelèrent de la Noüe-Briord.

[1] Comme son père, il cultiva la poésie ; on trouve un sonnet de lui en tête de la vie de son aïeul, par Amirault.

XIV

SEIGNEURS DE LA NOUE ET DE LA RAMÉE EN PRINQUIAU

X. — GUILLAUME de la Noüe, seigneur de la Ramée (présumé fils de Jean de la Noüe de Passay, chevalier, vivant en 1392), vivait en 1427 (*pr.*, 54 bis).

XI. — N... de la Noüe, seigneur de la Ramée ?

XII. — THIBAUT de la Noüe, seigneur de la Ramée, vivant en 1489 (*pr.*, 100), fut probablement petit-fils de Guillaume, qui précède, et père du suivant.

XIII. — CHARLES de la Noüe, écuyer, seigneur de la Ramée et de la Noüe en Prinquiau, rendit aveu pour ces deux fiefs en 1559 (*pr.*, 120). De son alliance avec N..., il laissa une fille, qui suit.

XIV. — MADELEINE, dame de la Noüe et de la Ramée, fut mariée à N... du Dreyseuc, dont Jeanne du Dreyseuc, mariée à Jean Charette, écuyer, qui en 1569 se qualifiait seigneur de la Noüe et de la Ramée (*pr*., 127).

XV

COMTES DE VAIR

X. — Noble homme JEAN de la Noüe, écuyer, seigneur d'Orvault (*pr.*, 88), de Briord (*pr.*, 58 bis), la Hunaudais, Vrignais, la Nivardière, Ataron et la Brosse (*pr.*, 55 bis, 58 bis, 74, 81), fils puîné de Maurice Ier, eut probablement pour parrain Jean de la Noüe, chevalier, son oncle, mort en 1423, qui le nomme dans son testament (*pr.*, 53). En 1453, servant sous le sire de la Hunaudaye, il accompagna le duc de Bretagne en Guyenne (*pr.*, 65). La même année, il est qualifié « noble écuyer » (*pr.*, 67); en 1458, « messire » et « capitaine de Machecoul » (*pr.*, 73); en 1459, « écuyer, seigneur du Vrignais en Machecoul et de la Brosse en Fres-

4*

nay, » et il rend hommage au sire de Rais (*pr.*, 74). En 1466, il est homme d'armes sous le sire de Lescun (*pr.*, 80), et reçoit l'hommage de Jean, seigneur de la Touche (*pr.*, 81).

Il était mort en 1477, lors de l'enquête qui établit que Béatrix de la Porte, femme de Gilles de Tournemine, sire de la Hunaudaye, « avoit donné à feu Jean de la Noüe et à son fils aîné la capitainerie du chasteau de Vesins », et lui avait légué la terre et seigneurie d'Orvault (*pr.*, 88). Il avait épousé vers 1430 Françoise de la Chapelle (*pr.*, 55 bis, 66-68), dont il eut :

1° Pierre, écuyer, vivant à Orvault en 1496 (*pr.*, 104), dont l'alliance et la postérité sont inconnues ;

2° Guillaume, qui continua la postérité ;

3° Béatrix, en 1470 dame de Briord, Vrignais et la Hunaudais, et femme de Charles de Cahideuc, écuyer (*pr.*, 82 bis) ;

Et peut-être :

4° Jean, archer du sire de la Hunaudaye en 1474 ; homme de guerre à l'armée du Roi en Bretagne, en 1488 et 1491 (*pr.*, 86, 96, 101).

XI. — GUILLAUME de la Noüe, V° du nom, seigneur de Lissineuc (*pr.*, 88, 99, 102), né en 1436 (*pr.*, 102), juge de Vannes en 1488, reçut du duc de Bretagne plusieurs commissions importantes (*pr.*, 97-99). En

1493, il déposa dans l'enquête relative aux droits de ce prince sur les évêchés de Bretagne (*pr.*, 102). Il « épousa, vers l'an 1460, N... de Lisseneuve (Lissineuc), seule héritière de sa famille, dont il prit les armes ».[1] Il fut père du suivant.

XII. — GUILLAUME de la Noüe, VI° du nom, surnommé « le preux gendarme » (*pr.*, 307), « fut capitaine de 25 lances et l'un des nobles bretons qui se réfugièrent en Touraine, en 1484, à cause de leur démêlé avec le ministre Landois » (*pr.*, 94). Ce fait est établi par des lettres du duc de Bretagne, réclamant l'extradition de « messire Guillaume de la Noë » (*pr.*, 95). Appelé à Chinon par le service du Roi, il y épousa, vers 1500, Christine Perrault, morte en 1533 (*pr.*, 113), fille de Jean, seigneur de la Vallière, lieutenant-général de Chinon, d'origine bretonne (*pr.*, 307). De cette alliance naquirent :

1° Guillaume, qui suit ;

2° Et probablement Gilles, servant avec Guillaume de la Noüe, en 1524, sous le maréchal de Montmorency (*pr.*, 111).

XIII. — Noble écuyer (*pr.*, 113) GUILLAUME de la Noüe, VII° du nom, seigneur de la Noüe en Touraine et des Planches en Bretagne, archer du maréchal de Montmorency en 1524, puis conseiller du

[1] La Chenaye, XI, 45.

Roi, lieutenant-général de Chinon après son aïeul maternel, rendit hommage au Roi, en 1537, en la chambre des comptes de Nantes, pour le fief des Planches (en Pacé), « à luy escheu par le décès de damoiselle Christine Perrot, sa mère » (*pr.*, 113, 214). Il est qualifié « noble et puissant » dans le contrat de mariage de son fils aîné. Il mourut vers 1561, ayant épousé Françoise Jolly (*pr.*, 214), fille de Pierre, seigneur de Fromentières, échanson du Roi. De cette alliance naquirent :

1° Charles, qui suit ;

2° Guillaume, écuyer, seigneur de la Gilberdière, l'un des cent gentilshommes de la maison du Roi en 1587 (*pr.*, 121, 138), marié à Claude de Rancher, fille de Léonard, écuyer, seigneur de la Guitonnière, Verneuil, etc. ;

3° René, chanoine de Chinon en 1561 (*pr.*, 121). La Chenaye dit qu'il fut « chanoine de Mexmes », où il fit diverses fondations pieuses.

XIV. — Messire Charles de la Noüe, écuyer (*pr.*, 121, 129, 157), seigneur de la Noüe (en Parilly), les Planches, Grigné-le-Brisay, la Vaubreton, etc. avocat du Roi au bailliage de Touraine, conseiller au parlement de Bretagne en 1570, maître des requêtes de l'hôtel du Roi (1591) et de Louis de Bourbon, duc de Montpensier, surintendant de la maison de ce prince, chancelier du duc d'Anjou (frère d'Henri III), intendant des armées dans les provinces de Bretagne, Normandie, Touraine et Poitou, maire de la ville de Poitiers, fut employé avec distinction dans les affaires les plus importantes de l'État (*pr.*, 133,134,137,146,155, 209, 307). Henri IV reconnut ses services par de hautes faveurs ; le duc de Montpensier, le mandant auprès de lui pour lui conférer « une charge bien honorable et digne de sa qualité, » signait sa lettre : « Votre meilleur ami » (*pr.*, 137, 146, 147, 156). En 1597, le Roi lui donna des lettres d'honneur de conseiller au parlement de Bretagne, avec séance et voix délibérative, « nonobstant la résignation de son office en faveur de messire Guillaume de la Noüe, son fils » (*pr.*, 156). En 1561, il partagea noblement avec ses frères la succession de ses père et mère (*pr.*, 129). Il mourut en 1612 (*pr.*, 168), ayant épousé Marie de la Barre, morte en 1626 (*pr.*, 183), fille de Jean, écuyer, seigneur de la Beausseraye, lieutenant-général de Chinon, et de Claude Boutin ; le contrat le qualifie « noble et puissant Charles de la Noüe, écuyer, seigneur de la Noüe, fils et héritier principal et noble de noble et puissant Guillaume de la Noüe, etc. » (*pr.*, 129, 130, 214). De cette alliance naquirent :

1° Guillaume, qui suit ;

2° François, né à Chinon, prêtre, puis moine à l'abbaye de la Chaulme, près Machecoul, et prieur de Saint-Nazaire (*Pr.*, 163). Il résigna ses bénéfices, et fut tué en duel par le seigneur de Crapado.

3° Renée, mariée à Pierre Odespaing, sieur de la Meschinière, avocat au parlement de Paris (*pr.*, 190), puis maître-des-requêtes ;

4° N..., mariée au Sr de Lyré (*pr.*, 190).

XV. — Noble homme messire GUILLAUME de la Noüe, VIIIe du nom, chevalier (*pr.*, 157, 194), seigneur de la Noüe (en Parilly), le Plessis de Vair (*pr.* 159, 160), Nazelles et Crenolles (*pr.*, 181), conseiller au parlement de Bretagne, conseiller et intendant de la reine Marie de Médicis, chancelier de la duchesse d'Orléans, épousa en 1604 Anne de Cornulier, fille de feu Pierre, écuyer, seigneur de la Touche, trésorier général de Bretagne, et de Claude de Comaille, et sœur de Pierre de Cornulier, évêque de Rennes (*pr.*, 157). Il testa au château de Vair, les 9 et 10 février 1644, étant doyen du parlement, mourut à cette dernière date, et fut inhumé dans l'église d'Anetz (*pr.*, 194, 195). Il fut père de :

1° Charles, qui suit ;

2° Henri, auteur des seigneurs de Bogard, qui suivront ;

3° Hélène, née en 1611, mariée à Jean de Saint-Pern, chevalier, seigneur du Lattay (*pr.*, 167, 185, 187, 200) ;

4° François, né en 1613, homme de guerre dans la compagnie du Cardinal de Richelieu en 1639 (*pr.*, 170, 192) ;

5° Léonarde, dite Éléonore, née en 1615, mariée à Jean Maudet, écuyer, seigneur de la Fouchais (*pr.*, 173, 202, 204) ;

6° Guillaume, né en 1616 (*pr.*, 177) ;

7° Claude, né en 1618, capitaine au régiment de Navarre en 1665 (*pr.*, 178, 222) ;

8° Guillaume, né en 1619.

XVI. — Messire CHARLES de la Noüe, II° du nom, chevalier, seigneur de Nazelles, Grigné, Anetz, Savenières (*pr.*, 208), etc., seigneur baron de Vair, puis comte du Plessis de Vair, fut d'abord conseiller à la Cour des Aides de Paris, conseiller de la Reine et du duc d'Orléans, puis du Roi en ses conseils d'État et privé (*pr.*, 199, 206, 209, 211, 220). Il partagea en 1641 avec ses frères, en 1644 avec Éléonore, sa sœur, « comme personnes nobles et de gouvernement noble et de tout temps immémorial » (*pr.*, 196, 204). En 1653, en considération de ses services et de ceux de ses pères, Louis XIV érigea en sa faveur la baronnie du Plessis de Vair en titre de comté (*pr.*, 209). L'embarras de ses affaires (*pr.*, 213, 221, 223) l'amena à vendre cette terre considérable, en 1664, à Claude de Cornulier (*pr.*, 220). Il mourut en 1668 et fut inhumé dans la chapelle de Vair, en l'église d'Anetz (*pr.*, 224). Il avait épousé, en 1643 selon Lainé (*pr.*, 199), ou plutôt en 1646 (*pr.*, 505), Élisabeth de Moussy, dont il eut :

1° Anne, née en 1647 (*pr.*, 200) ;

2° Jacques, qui suit ;

3° Roberte, femme d'Adrien-Georges du Liscoët, baron de Saint-Bonant (*pr.*, 228 bis) ;

4° *Charles*-Armand, chevalier de Malte (*pr.*, 210), lieutenant des gardes et écuyer du prince de Condé (*pr.*, 232, 244, 247), gouverneur, aide-de-camp et capitaine des gardes du duc de Bourbon (*pr.*, 252, 267) ; il mourut en 1716, ayant institué pour son héritier *Charles*-Gabriel, son neveu (*pr.*, 267) ;

5° Joseph, né en 1652, baptisé en 1662 ; par humilité chrétienne, il eut pour parrains « deux pauvres mendiants » (*pr.* 215) ; il fut capitaine au régiment de la Noüe cavalerie, puis passa au service de Bavière, où il devint lieutenant-général ;

6° et probablement Guy, garde-du-corps du Roi en 1676 (*pr.*, 231).

XVII. — Haut et puissant seigneur (*pr.*, 268, 260) messire JACQUES de la Noüe, chevalier, comte de

Vair, baron de Crenolles et de Nazelles, etc. (*pr.*, 232, 248, 263), né en 1648, capitaine aux dragons de la Reine en 1676, au Royal-Cuirassiers en 1679, lieutenant-colonel du rég. de Montrevel en 1689 et du rég. de Sully (ci-devant Coislin) en 1692, colonel du rég. de la Noüe cavalerie en 1694 (*pr.*, 230, 232, 246, 249, 250, 252), chevalier de Saint-Louis (*pr.*, 264, 265), épousa en 1679 Catherine de Vieuxpont, d'une des plus anciennes et illustres maisons de la Normandie (*pr.*, 232), morte en 1664 à Paris (*pr.*, 238). Il eut la garde noble de ses trois fils mineurs (*pr.*, 239, 240). En 1685, il renonça, avec son frère Charles, à la succession de leurs feux père et mère (*pr.*, 241). Il mourut en 1711 et fut inhumé dans l'église de la Roche-Clermaut, près Chinon (*pr.*, 263). Il fut père de :

1° Gabriel-*Charles*, qui suit ;

2° Haut et puissant seigneur (*pr.*, 268) messire Alexandre-*Joseph* de la Noüe, chevalier, baron de Crenolles (*pr.*, 264, 267), né en 1681 (*pr.*, 239), fut commandant d'un bataillon du régiment de Guyenne, et ne laissa pas de postérité de son alliance avec N... de Senouville ;

3° *René*-François, auteur du rameau des comtes de la Noüe-Vieuxpont, qui suivront.

XVIII. — Haut et puissant seigneur (*pr.*, 268,

269, 273) messire Gabriel-CHARLES de la Noüe, III° du nom, chevalier, comte de la Noüe de Vair (*pr.*, 266, 271) et de Nazelles (*pr.*, 269), seigneur de Néman, Rochepiché, etc., né en 1679, sous-brigadier des gardes-du-corps en 1697, capitaine au rég. de la Ferronnays en 1714 et au rég. d'Olencthun en 1721, major du rég. de la Ferronnays en 1742, lieutenant-colonel du rég. de Chabot en 1746 (*pr.*, 256, 266, 272, 286, 290, 297), chevalier de Saint-Louis (*pr.*, 268, 269, 273, 290, 299), fut avec ses frères, en 1692, donataire de Jeanne de Vieuxpont, sa tante (*pr.*, 248). Il renonça en 1712 à la succession de son père (*pr.*, 264). Il recueillit en 1717 l'héritage de *Charles*-Armand de la Noüe, son oncle (*pr.*, 267). Il épousa en 1719, à Abbeville, Louise-Adrienne-Madeleine de la Rodde, fille de Claude, comte de Ballore, brigadier des armées du Roi et commandant pour S. M. à Abbeville, et de Françoise de Sadirac de Montesquiou (*pr.*, 268, 269). Il devint veuf en 1721 (*pr.*, 272), n'ayant eu de cette alliance qu'un fils (*pr.*, 299), qui suit.

XIX. — Messire Joseph-CLAUDE-Jean de la Noüe, II° du nom, chevalier, comte de la Noüe de Vair (*pr.*, 292, 296, 305), seigneur de Nazelles, Néman, etc., né à Abbeville en 1720 (*pr.*, 271), lieutenant au rég. de la Ferronnays en 1742, capitaine au même régiment en 1746, et au rég. de Chabot en 1753 (*pr.*, 286, 290, 299), lieutenant-colonel et chevalier de Saint-Louis en 1776, [1] épousa, avec dispense de parenté, en 1746, Marie de Sadirac de Montesquiou, dame de Saint-Guiraud (*pr.*, 291, 293), dont il eut :

1° *Charles-Marie-Antoine-Joseph-Georges*, IV° du nom, né en 1747, admis en 1755 à l'Ecole Royale Militaire après preuves de noblesse (*pr.*, 296, 303), chevalier de Saint-Lazare de Jérusalem, capitaine de cavalerie en 1776, mort sans alliance ;

2° Joseph-*François*-Louis-Marthe, né en 1749 (*pr.*, 298), admis en 1760 à l'École Royale Militaire après preuves de noblesse (*pr.*, 305), chevalier de Saint-Lazare de Jérusalem, lieutenant au Royal-dragons en 1776, mort sans alliance ;

3° Alexandre-René-Marie, prêtre en 1776 ;

4° Charles-Gabriel-Louis, chevalier de Malte en 1786 (*pr.*, 337) ;

5°, 6°, 7° N..., N..., N..., vivants en 1766 (*pr.*, 314) ;

8° Ursule-Philippe-Marie, née en 1766, admise en 1776 à la Maison Royale de Saint-Cyr après preuves de noblesse (*pr.*, 314, 328).

[1] La Chenaye, XI, 46.

XVI

COMTES DE LA NOUE-VIEUXPONT

XVIII. — Haut et puissant seigneur (*pr.*, 268)
Messire RENÉ-François de la Noüe-Vieuxpont,
(3ᵉ fils de Jacques et de Catherine de Vieuxpont),
chevalier, comte de Vair (*pr.*, 279), né à Paris en
1684 (*pr.*, 237), capitaine aux dragons de la Reine
en 1713 et 1729 (*pr.*, 265, 279), joignit à ses nom
et armes ceux de Vieuxpont, à la mort du marquis
de Vieuxpont, son cousin-germain, dernier mâle de
cet illustre lignage. Il épousa en 1713 Marie-Ma-
deleine-Françoise le Carlier (*pr.*, 265), dont il
eut :

1° Gabriel-*François*, qui suit ;

2° *Guillaume*-Alexandre, vicaire-général de Meaux, abbé commendataire de Saint-Séverin ;

3° *Jean*-Marie, colonel et chevalier de Saint-Louis ;

4° N...., appelé le chevalier de la Noüe, capitaine aide-major au rég. de Marcieu cavalerie, tué à la bataille de Minden en 1759 ;

5° *Stanislas*-Louis de la Noüe-Vieuxpont, comte de Vair, lieutenant-colonel d'infanterie, commandant les volontaires de l'armée du maréchal de Broglie, tué en Westphalie, en 1760 ;

6° *René*-Joseph, chevalier, comte de Vair, né en 1731 (*pr.*, 281 bis), sous-lieutenant au rég. de la Couronne en 1744, capitaine en 1757, chevalier de Saint-Louis en 1761, colonel en 1771, brigadier des armées en 1781, maréchal de camp en 1788, lieutenant-général le 6 fév. 1792, mort en 1820, et non en 1793 sur l'échafaud révolutionnaire, comme le dit erronément le grand dictionnaire Larousse (*pr.*, 340) ;

7° et 8° N..., N..., vivantes en 1776.

XIX. — Haut et puissant seigneur (*pr.*, 308) Gabriel-FRANÇOIS de la Noüe-Vieuxpont, chevalier, comte de Vair, né en 1714 (*pr.*, 266), colonel inspecteur commandant les milices garde-côtes de Bretagne en 1760 (*pr.*, 307, 308), chevalier de Saint-

Louis, ministre plénipotentiaire, général-major et chambellan du prince-électeur de Cologne (*pr.*, 320), épousa Marie-Marguerite Chevalier (*pr.*, 308), et mourut à Paris en 1779 (*pr.*, 329), sans postérité.

XVII

COMTES DE LA NOUE-BOGARD

XVI. — Messire HENRI de la Noüe (2º fils de Guillaume VIII et d'Anne de Cornulier), écuyer (pr., 188, 189), seigneur de Crenolles, conseiller au parlement de Bretagne, mourut en 1643 (pr., 200), ayant épousé en 1632 Anne, fille unique de messire François le Métayer, seigneur de Bogard, la Ville-norme, Saint-Armel, etc. (pr., 185), laquelle, devenue veuve, se remaria à Jean Freslon, chevalier, seigneur de Saint-Aubin (pr., 234, 235). Les enfants dudit Henri furent :

1º Anne, née en 1633 (pr., 186), mariée à N... de Mauny, seigneur de la Douetée et de Carcé (pr., 234), morte vers 1680 ;

5*

2° François, né en 1635 (*pr.*, 187), mort jeune ;

3° Judith, née en 1636 (*pr.*, 200) ;

4° Guillaume, qui suit ;

5° Gabrielle, dame de Saint-Armel (*pr.*, 251, 255), née en 1638 (*pr.*, 200), morte en 1701 (*pr.*, 259), sans alliance ;

6° Pierre, posthume, né en 1643 (*pr.*, 200, 201), chevalier de Malte en 1662 (*pr.*, 216, 219), mort vers 1680 (*pr.*, 234).

XVII. — Messire GUILLAUME de la Notte, IX° du nom, chevalier (*pr.*, 234, 254), seigneur de Bogard, la Villenorme, Saint-Armel, etc., conseiller au parlement de Bretagne, né en 1637 (*pr.*, 200), épousa en 1669 Françoise Pringle, dame du Tertre (*pr.*, 225, 226). Il mourut en 1680 (*pr.*, 234), ayant eu de cette alliance :

1° Claude-Françoise, dame de la Villenorme, née en 1670 (*pr.*, 228), qui en 1695 était sous la tutelle de Gabrielle de la Notte, dame de Saint-Armel, sa tante (*pr.*, 251) ;

2° Guillaume, qui suit ;

3° Claude, qui est peut-être « le sieur de la Notte », maréchal-des-logis au Royal-dragons en 1688 (*pr.*, 245).

XVIII. — Messire GUILLAUME de la Notte, X° du nom, chevalier (*pr.*, 253, 255, 257), seigneur de

Bogard, etc., conseiller au parlement de Bretagne, né en 1674 (*pr.*, 253), émancipé en 1696 (*pr.*, 254), épousa : 1° en ladite année, Marie-Françoise de Tremerreuc (*pr.*, 253), morte en 1708 (*pr.*, 262), dont il fit enregistrer les armoiries avec les siennes, en 1699 (*pr.*, 257) ; 2° Anne-Françoise-Hyacinthe de la Villéon (*pr.*, 277, 284), dame des Aubiers. Il mourut vers 1722 (*pr.*, 275), laissant du premier lit :

1° *Toussaint*-Marie, qui suit ;

2° *François*-Marie, né en 1700 (*pr.*, 258) ;

3° Thérèse-Catherine, veuve en 1747 de Gilles-François Bertho, chevalier, seigneur de la Villejosse (*pr.*, 278, 282, 295) ;

4° Marie-Françoise-Gervaise, née en 1705 (*pr.*, 260), religieuse ;

5° Lucrèce-Céleste, dame de Saint-Armel, jumelle de la précédente (*pr.*, 260, 278) ;

Du deuxième lit :

6° *Guillaume*-François, auteur des comtes de la Noüe des Aubiers, qui suivront.

XIX. — Haut et puissant seigneur (*pr.*, 280, 283, 287) messire TOUSSAINT-Marie de la Noüe, chevalier, comte de la Noüe (*pr.*, 312), seigneur de Bogard, etc., conseiller au parlement de Bretagne, né en 1697 (*pr.*, 255), épousa avant 1720 Marie-Madeleine

de Preissac ; mais ce mariage ayant été abusive-
ment célébré, il le fut de rechef en 1724 (*pr.*, 276).
Il mourut vers 1744 (*pr.*, 287), ayant eu de cette
alliance :

1° Joseph-Sylvain-*Toussaint*-Marie, qui suit ;

2° *François*-Jérôme, né en 1725, vicaire-général
et archidiacre de Saint-Brieuc (*pr.*, 277, 312, 325),
mort vers 1810 à Moncontour ;

3° *Jules*-César-Félix, chevalier, vicomte de la
Noüe (*pr.*, 313, 315, 319, 320), né en 1729 (*pr.*,
280), capitaine aide-major d'infanterie, chevalier de
Saint-Louis (*pr.*, 319, 320), marié en 1765 à Rose-
Emilie de Langan-Boisfévrier (*pr.*, 311, 312), dont :

a) Augustin-Henri-Gabriel-Rose, né en 1766,
admis en 1774, après preuves de noblesse,
au Collège Royal de La Flèche (*pr.*, 315,
324), où il mourut le 30 mai 1775 ;

b) Jules-César-Marie, né en 1767, admis en 1775,
après preuves de noblesse, au même Collège (*pr.*, 316, 324), marié à N... de Lorgeril, dont :

1° Frédéric, sans alliance en 1886 ;
2° Louis, sans alliance en 1886.

c) Toussaint, mort au service du Roi dans la
marine ;

d) *François*-Louis, né en 1774, admis en 1782,

après preuves de noblesse, à l'Ecole Royale Militaire (*pr.*, 320, 333) ;

e) Pélagie-*Émilie*-Antoinette-Louise, née en 1772 (*pr.*, 319), admise en 1782, après preuves de noblesse, dans la Maison Royale de Saint-Cyr (*pr.*, 334) ;

4° *Thérèse*-Rose-Sainte, née en 1733 (*pr.*, 282), sans alliance en 1776 ;

5° *Guillaume*-Toussaint, né en 1735, (*pr.*, 283), mort jeune ;

6° Louise-Françoise-Anne, née en 1737 (*pr.*, 284), élevée à la Maison Royale de l'Enfant Jésus, vivante en 1768 (*pr.*, 317).

XX. — Haut et puissant seigneur (*pr.*, 300, 301) messire Joseph-Sylvain-Toussaint-Marie de la Noue, II° du nom, chevalier, comte de Bogard (*pr.*, 389 315), seigneur de la Noue, la Villenorme, etc., conseiller au parlement de Bretagne, né en 1720 (*pr.*, 270), épousa en 1745 Françoise-Marcelle Geslin, dame de Coëtcouvran (*pr.*, 287, 288). Il mourut en 1765 (*pr.*, 310), ayant eu de cette alliance :

1° *Guillaume*-François-Marie, qui suit ;

2° Jeanne-Henriette, née en 1754 (*pr.*, 302).

XXI. — Haut et puissant seigneur (*pr.*, 344) Guillaume-François-Marie de la Noue, XI° du nom, chevalier, comte de la Noue-Bogard (*pr.*, 312, 344), né en 1747 (*pr.*, 294), page du Roi dans sa grande Ecurie, officier au Royal-Lorraine cavalerie, lieutenant des maréchaux de France,[1] conseiller au parlement de Bretagne, (*pr.*, 331, 341), siégea dans l'ordre de la Noblesse aux Etats Généraux de Bretagne en 1774 (*pr.*, 322). Il émigra à Jersey, où il mourut en 1795 (*pr.*, 341), ayant eu de son alliance avec Félicité-Marie Meslé de Grandclos (*pr.*, 344) :

1° Maurice, qui suit ;

2° Amélie, vivant à Londres en 1798 (*pr.*, 343).

3° Pauline-Caroline, mariée en 1803 à Louis-Marie-René du Plessis de Grénédan; morte, l'année suivante, en donnant le jour à un fils, Ernest du Plessis de Grénédan.

XXII. — MAURICE de la Notte, III° du nom, comte de la Notte-Bogard, émigra avec son père (*pr.*, 344). Il vivait en 1799 à Londres, et mourut sans alliance, en 1804, au château de Bogard.

---

[1] A Moncontour (Waroquier de Combles, *Tabl. hist. de la Nobl. Milit.*, 1784, p. 196).

XVIII

COMTES DE LA NOUE DES AUBIERS

XIX. — Haut et puissant seigneur (*pr.*, 284) messire GUILLAUME-François de la Noüe, XIIe du nom, (fils de Guillaume X et d'Anne de la Villéon), chevalier, comte de la Noüe des Aubiers (*pr.*, 287, 326, 332), épousa Marie-Josèphe du Bourne, dame des Salles. Il mourut en 1776 (*pr.*, 326), ayant eu de cette alliance :

1° *Guillaume*-Toussaint, qui suit ;

2° Stanislas, chevalier de la Noüe, lieutenant aux Grenadiers de France, puis capitaine d'infanterie, qui émigra, lors de la révolution, et vivait en 1798 à Londres (*pr.*, 343), où il mourut sans alliance ;

3° *Joseph*-Marie, chanoine de Saint-Brieuc, qui,

persécuté par la révolution, refusa de signer la constitution civile du clergé, émigra en 1792, et mourut en Angleterre (*pr.*, 325, 339, 343, 344) ;

4° Haute et puissante demoiselle Louise de la Noüe, sans alliance en 1783 (*pr.*, 332) ;

5° Haute et puissante demoiselle Marie-Thérèse, dame des Aubiers, sans alliance en 1783 (*pr.*, 318, 332) ;

6° Haute et puissante demoiselle Claude-Josèphe, dame de la Villenorme, sans alliance en 1783 (*pr.*, 332) ;

7° Haute et puissante demoiselle Adélaïde, dame de Limoëlan, sans alliance en 1783 (*pr.*, 332).

XX. — Haut et puissant seigneur (*pr.*, 327, 343) messire Guillaume-Toussaint de la Noüe, XIIIe du nom, né en 1741 (*pr.*, 285), chevalier, comte de la Noüe des Aubiers (*pr.*, 312, 317, 318, 327, 332, 335, 338), seigneur des Salles, etc., brigadier des gardes du pavillon amiral en 1763, enseigne des vaisseaux du Roi en 1765 (*pr.*, 309, 312), chevalier de Saint-Louis (*pr.*, 321, 338), épousa en 1763 Julienne-Louise Boschat d'Uzel (*pr.*, 309, 338), dont il eut :

1° Louise-Aimée, née en 1766 ;

2° Hilarion-Louis-*Guillaume*, qui suit ;

3° *César*-Guillaume-Marie, né en 1769, sous-lieutenant au régiment royal du Dresnay en 1795, fait prisonnier à Quiberon, mort à Vannes dans les prisons révolutionnaires (*pr.*, 318, 342) ;

4° Pauline, née en 1772, vivant en Angleterre en 1799 (*pr.*, 344) ;

5° Mathurin-François-*Hippolyte*, né en 1773, (*pr.*, 321), marié à Hyacinthe-Marie de Gouzillon de Bélizal, dont :

  a) Ludovic, mort en 1828 sans postérité ;

  b) *Hippolyte*-Marie-Guillaume, marié à Blanche Magon de la Vieuville, dont :

    1° Charles de la Noüe, ancien Zouave Pontifical, lieutenant des Mobiles des Côtes-du-Nord en 1870, tué à la bataille du Mans, le 11 janv. 1871 ;

    2° Marguerite, mariée à Alphonse Desprez de Gésincourt, dont : Renée et Aymar.

6° Modeste-*Suzanne*, née en 1774, morte en 1864 ;

7° *Jérôme*-François-Fidèle de la Noüe des Salles, né en 1775, admis en 1787, après preuves de noblesse, dans la marine royale (*pr.*, 325, 338) ;

8° *Marc*-Marie-Sylvain-Joseph, né en 1776 (*pr.*, 327), marié à Charlotte Noüel de Pilavoine, dont :

  a) Ernest, marié à Hilariette Le Roux de Kerninon, dont une fille, Louise de la Noüe, femme d'Alphonse le Méhérenc de Saint-Pierre,

dont : 1° Louise ; 2° Jeanne ; 3° Marguerite ;
4° Blanche.

b) Louis, lieutenant-de-vaisseau, mort sans alliance ;

c) Emilie, religieuse de S. Augustin, décédée à Lannion ;

d) Cécile, mariée à Aristide le Moniès de Sagagazan, dont : 1° Ferdinand, capitaine de frégate, marié à Marie de Lorgeril ; 2° Aristide, marié à Amélie de la Ferronnière ; 3° Gustave, marié à Alexine de la Sauldraye ; 4° Sylvain, sans all. ; 5° Henri, sans all. ; 6° Marie, veuve de George de Dieuleveult.

9° Agathe, née en 1777, mariée à Sévère Auffray du Guélambert, morte en 1847 sans postérité ;

10° Claudine-*Zoë*, née en 1778, vivante en 1803 (*pr.*, 345), morte en 1867 ;

11° *Victoire*-Pélagie-Lucile, née en 1779, vivante en 1803 (*pr.*, 345), morte en 1852 ;

12° Prosper-Amand, né en 1781, mort jeune ;

13° Adélaïde, née en 1786, mariée à N... de la Poix de Fréminville, dont : Raoul, marié à Elisabeth de Tremerreuc, dont Elisabeth, mariée à Gustave Chassaing de Kergommeaux.

XXI. — Haut et puissant seigneur (*pr.*, 343, 344) messire Hilarion-Louis-GUILLAUME de la Noüe, XIVe

du nom, né en 1768 (*pr.*, 317), chevalier, titré
« marquis de la Noüe » du vivant de son père (*pr.*,
343, 344), puis comte de la Noüe (*pr.*, 347), épousa,
en 1798, à Londres, *Sophie*-Augustine-Marie-Jeanne
le Vicomte de la Houssaye (*pr.*, 343). Ils revinrent
de l'émigration en 1803, et firent procéder alors à
leur mariage civil, en la mairie de Ploubazlanec
(*pr.*, 345). De cette alliance naquirent :

1° *Eugène*-Marie-Guillaume, né à Londres le 4
janvier 1799 (*pr.*, 344), mort à Ploubazlanec en
1803 ;

2° *Sophie*-Marie-Joséphine, née à Londres le 24
mars 1800, morte à Saint-Brieuc en 1868, sans postérité de son alliance avec Théodore de Tremerreuc,
chevalier de Saint-Louis ;

3° *Amélie*-Marie-Louise, née à Londres le 19 nov.
1801, morte à Saint-Brieuc en 1807 ;

4° Cécile, née à Quessoy le 7 janv. 1804, morte à
Saint-Brieuc en 1845, ayant épousé en 1842 Ama-
teur Hémery de Goascaradec, dont : Cécile, mariée
en 1868 à Adrien de Mellon, dont : 1° Cécile ; 2°
Geoffroy.

5° Mélite, née à Saint-Brieuc le 1er avril 1805,
morte en cette ville en 1809 ;

6° Adolphe, né à Saint-Brieuc le 10 mai 1806,

mort en cette ville en 1866, laissant de son alliance avec Angélique de Kergariou :

    a) Adolphe, mort sans alliance ;

    b) Anna, sans all. ;

    c) Marie-Rose, relig. carmélite ;

    d) Henri, sans all. ;

    e) Eugène, marié à Albertine Briot de Loyat, mort en 1884 ne laissant qu'une fille ;

    f) Louise, sans all.

7° Félix, né à Quessoy le 1er août 1807, mort à Saint-Brieuc en 1822 ;

8° Paul, né à Saint-Brieuc le 25 janv. 1810, mort à Hillion la même année ;

9° Fidèle, né à Saint-Brieuc, le 10 juin 1811, prêtre, mort en cette ville en 1839 ;

10° *Charles*-Marie-Sévère, qui suit ;

11° Julie, née à Saint-Brieuc le 2 déc. 1814, morte à Pluduno en 1876, ayant épousé Hippolyte du Breil de Pontbriand, dont : 1° Hippolyte, marié à Camille de Champéron, veuve avec un fils : Raoul ; 2° Julie, sans all ; 3° Clotilde, veuve d'Adrien Ruellan du Crehu, dont 3 fils et 2 filles ; 4° Louise, sans all. ; 5° Léonie, sans all. ; 6° René, marié à Louise d'Amfreville.

XXII. — CHARLES-Marie-Sévère de la Noüe, Vᵉ du nom, né à Saint-Brieuc le 21 mars 1813, mourut en cette ville le 8 mars 1846 (*pr.*, 346, 350), ayant épousé en 1842 *Hermine*-Pélagie-Françoise de la Villéon (*pr.*, 348), dont un fils, qui suit.

XXIII. — CHARLES-Marie-Adolphe de la Noüe, né à Saint-Brieuc le 6 mars 1843 (*pr.*, 349), volontaire aux Zouaves Pontificaux (campagne de 1867, Mentana), puis dans la légion de Charette en 1870, chevalier, puis commandeur de l'Ordre Pontifical de Saint-Grégoire-le-Grand, chevalier de l'Ordre de Pie IX, épousa :

1° Le 12 janvier 1869, *Armande*-Félicité-Marie Vallou de Lancé (*pr.*, 351) ;

2° Le 2 nov. 1872, étant veuf, Marie-Thérèse Vallou de Lancé, sa belle-sœur (*pr.*, 354).

Du premier lit :

1° *Charles*-Marie-Fernand, né à Chartres le 19 oct. 1869 (*pr.*, 352) ;

2° *Maurice*-Marie-Hippolyte, né à Hillion le 3 janvier 1871 (*pr.*, 353) ;

Du second lit :

3° *Fernand*-Marie-Joseph, né à Versailles le 8 mars 1878 (*pr.*, 355).

PREUVES

PREUVES

1. — Vers 1085. [1] — Vivant et Salomon de la Noue, témoins d'une sentence rendue en faveur de Saint-Serge d'Angers.

DE JUINNIACO. — Certum constet omnibus quod Stephanus cognomento Bastardus, antequam cum Stephano de Gobith fecisset ullum pactum, donavit se et sua monachis S. Sergii : videlicet decimam terre sue et vineas que sunt ante portam monacho- rum de Juinniaco, et Albericus de Laigniaco hoc concessit. Postquam vero monachi annis et diebus tenuerant, calumpniatus est Stephanus de Gobit. Qua calumnia crescente, convenerunt monachi et

[1] Cette charte est sans date, mais elle ne peut être de beaucoup postérieure à 1085 : *Stephanus de Gobid* ou *de Gubilz* et *Albericus de Laigniaco*, qui y figurent, se rencontrent dans des chartes de Saint-Serge, de 1062 à 1094. (*Coll. d'Anjou*, XIII, num. 9953, 9995. — *Cartul. de S. Serge*, num. 295.

Stephanus in curia predicti Alberici. Sed Stephano penitus deficiente, monachi cum sua rectitudine redierunt. Testes : Ulgrinus, *Viventius de Noa*, *Salomon de Noa*, Senaldus homo Alberici, Thebaldus de Troata, Bernardus filius Rannulfi, Goslenus Javardile. (2ᵉ *Cartul. de S. Serge*, f. 71 v. — C. Port, *Dict.* III, 13).

2. — 1152. — « La Noüe, famille ancienne et distinguée de la province de Bretagne, dont il est fait mention dans l'histoire de cette province. *Garnier de la Noüe* vivoit en 1152. » — (La Chenaye-Desbois, XI, 44).

3. — 1200. — « Guillaume de la Noüe, chevalier, [vivoit] en 1200. » — (*Ibid.*),

4. — « C'est une chose qui passe pour constante en Bretagne que *Guillaume de la Noüe*, duquel on voit encore (1641) le tombeau à Fresnay en Rhets, de l'an 1200, fut choisi par la Duchesse de Bretagne pour estre un des 12 chevaliers bretons, qui par un combat contre pareil nombre d'Anglois terminèrent les différends des deux nations, et que ce fut par la valeur de ce Guillaume, qui resta seul vivant des 24 en ce combat, que les Bretons en remportèrent l'avantage. » -- (Amirault, p. 7).

5. — 1219. — Universis sancte matris ecclesie filiis... Oliverius de Paceio, senescallus Pentevrie, salutem in domino. Noverit universitas vestra quod Petrus Tornemine... dedit... sancto Albino... dimidiam villam de Sancto Kaeno quam monachi Sancti Albini in vadimonium habebant de Hamone Stulto et de *Willelmo de Noes*.... Actum anno gracie Mº CCº XIXº. — (*Anc. évêchés de Bret.*, III, 52).

6. 1238, au grand tournoi de Compiègne. — « Cy sont les Bretons... *Guillames de Nus*, d'azur au besan d'or ». — (*Le Vermandois*, t. I. p. 156, nº 95).

7. — 1246. — Testament de Jean de la Noüe, chevalier. — Hoc est testamentum seu sublima dispositio *Johannis de Noa*, militis. Legavit in puram et perpetuam elemosinam Deo et B. Mariæ de Genestonio medietariam quam emit a Reginaldo Cuete, etc. Elegit etiam sepulturam suam in abbatia de Geneston. Actum die martis ante mediam quadragesimam anno Domini 1245. (Gaignières, *Abb. de Bret.*, p. 37. — Blancs-Manteaux, t. XXXVI, *Titr. de Geneston*).

8. — 1246. Jean, abbé de Geneston. — « Catalogus abbatum conventus de Genestonio : 1246,

Johannes [de Noa] ». ¹ — (Gaigniéres, *ibid.*, p. 41).

9. — 1263. — Enquesta facta abbate et conventu de Genestonio contra *Johannem de Noa*, militem, qui renuebat solvere dictis abb. et conv. legatum quod eis fecerat *Johannes de Noa*, pater suus, miles anno 1245. — (Gaigniéres, *ibid.*, p. 44).

10. — 1264. août. — Amicie du Chastellier et Guill. du Chastellier, son fils de son mariage avec feu Alain le Fauconnier, transportent aux moines de Villeneuve 8 den. de rente ann. que leur devait *Jehan de la Noe,* chevalier, sur l'eau de la rivière d'Oignon, et autres choses en échange de l'habergement de la Raherie et deux épars en la par. du Pont-Saint-Martin, que leur avoit légués feu Pierre Reymond, second mary de lad. Amicie. — (Dom Villevieille, t. 64, f. 61).

11. — Vers 1285. — NÉCROLOGE DU MONASTÈRE DE GENESTON : « Januarius :... XV Kal., *Johannes de Noa*, miles... — Martius :... X Kal., *Johannes de*

¹ Le texte primitif portait seulement « *Johannes* », comme le *Gall. Christ.* (t. XIV, c. 856); une autre main a ajouté « *de Noa* ». Bien que cette addition soit sans autorité, on n'a pas cru pouvoir la négliger; elle revêt quelque vraisemblance de ce fait qu'au même temps Jean de la Noüe, chevalier, est un des bienfaiteurs de N. D. de Geneston.

Noa... — Augustus :... IV nonas, *Johannes de Noa*, valetus »... — (*Extr. de Bret.*, 249, 250. — Gaignières, *Abb. de Bret.*, p. 38).

12. — 1308, 16 août. — *Guillaume de la Noe*, vallet, fut présent au serment que fit N. H. mess. Guill. de Saint-Mars de Coustays, chevalier, à l'abbé de Villeneuve, comme sergent inféodé de lad. abbaye. — (Villevieille, *loc. cit.*).

13. — 1365. — « Les titres de cette seigneurie (La Noüe, par. de Fresnay en Retz) font mention de noble *Olivier de la Noüe*, vivant en 1365 ». — (La Chenaye, *loc. cit.*).

13 bis. — 1368, 20 mars. — « *Girard de la Noe* et Olive, sa femme, firent un accord avec l'abb. de Villeneuve au sujet d'une rente annuelle, que feu Guyon Bouccel, frère utérin de lad. Olive, avoit léguée en aumosne à lad. abb., à prendre sur les biens de mons. Hémery Louer ». — (Villevieille, LXIV, 61).

14. — 1369. — *Jehan de la Noe*, écuyer de la comp. de G. Fretel, servant sous le maréchal de Blainville. — (Clairambault, t. 50, p. 3786. — *Revue hist. de l'Ouest*, nov. 1885, p. 200, *Montres inéd.*, par O. de Poli, num. 56).

15. — 1370. — *Gillet de la Noë, Morice de Laonnoy,* [1] écuyers du connét. du Guesclin. — (D. Morice, t. I, c. 1644. — Saint-Allais, VI, 285).

16. — 1371, 3 nov., Paris. — Charles V donne à Jehanne de Rays, en consid. des grands services qu'il a reçus de son déf. frère Girard Chabot, dans les guerres contre Edouard III, 500 livres de rente (dans l'île de Bouin), lesquelles ont été confisquées sur plusieurs sujets rebelles, qui suivent en Guyenne le parti du roi d'Angleterre ; spécialement sur... les héritiers de *Guillaume de la Noüe,* 15 ; le sire de Rortay, 40... — (P. Marchegay, *Cartul.,* n° 166).

17. — 1372. — *Olivier de Lannoy* [2] (La Noë), écuyer de la comp. de Girard Chabot, sire de Rays, chevalier banneret. — (Clairamb., t. 50, p. 7224. — D. Morice, I, 1648).

17 bis. — 29 nov. — « Girard de la Noë de Pa-

---

[1] Voir la note du n° 17.

[2] Le nom de « la Noë », jusque vers la fin du xvi° siècle, est quelquefois défiguré en « Lanoy » ou « Lannoy ». Un portrait de François de la Noüe Bras-de-fer, gravé vers 1591, conservé au cab. des Estampes de la Bibl. Nat., porte cette légende : « Françoys de Lannoy. » Mencke, dans sa *Biblioth. doc'orum militum,* l'appelle en latin « Noæus »; Sax et Jœcher, « Lanovius » ou « Noas »: *traduttori, traditori !*

çay fut exécut. testam. de Sevestre du Chaffaut, chevalier, qui élut sépulture auprès de feue dame Ysabel de la Gaille, sa femme, en la chap. fondée par son père en l'abb. de Villeneuve. » — (Villevieille, LXIV, 62. — Gaignières, *Abb. de Bret.*, p. 233).

18. — 1379. — *Olivier de la Noë* prête serment de fidélité à Jean V, duc de Bretagne. — (Arch. de la Loire-Inf., E. 147).

19. — 1383, vendr. après la Saint-Gilles, Nantes. — *Guillaume de la Noë* se reconnaît obligé de payer à Jehanne de la Marre, prieure des Prieurés du Bourg des Moutiers, de Saint-Cyr et Sainte-Julitte et de Bongarant, le droit de terrage, pour les fiefs et héritages qu'il possède aud. terrouër de Bongarant, en la par. de Sautron. — (Arch. de la L.-Inf., H. 357).

20. — 1384, 25 mars, Nantes. — Guillaume de la Noüe (*Guillelmus de Noa*) prête serment au duc de Bretagne, qui vient d'être mis en possession du château de Machecoul et des autres chât. de la baronnie de Rays. — (D. Morice, II, 446).

21. — 13 juin. — Guillaume de la Noüe (*Guillel-*

mus de la Noe) souscrit le traité conclu entre le Duc de Bretagne, et l'Evêque et les habitants de Saint-Malo. (*Ibid.*, c. 470).

22. — 1385, 4 avril, Périgueux. — *Bertran de la Nohe*, Artus de Langan, Péan de Launay, etc., écuyers de la comp. de P. de Mornay, sénéchal de Périgord. — (*Montres*, ms. fr. 25765, p. 15).

23. — 1386, 15 sept., Saint-Jean-d'Angély. — *Allain de la Nohe*, écuyer de la comp. de Renaud de Montferrand, chevalier. (*Ibid.*, p. 54).

24. — 27 sept., Arras. — *Robin de la Noë*, écuyer de la comp. de J. Brichart, chev. bachelier. — (Clairambault, t. 22, p. 1556).

25. — 1388, 1 sept., Châlons. — *Perrinet de la Noë*, Pierre d'Assigné, Bertram du Guesclin, Johan de Quistinit, Eon du Houx, Guifray de Bruc, etc., écuyers de la comp. de Johan, sire de Rochefort, chev. banneret. — (*Montres*, fr. 25766, p. 445).

26. — 1388, 9 octobre, Corenzich. — *Raoul de la Noë*, Johan de Dinen, etc., écuyers de la comp. de J. de Flauville, chevalier. — (*Ibid.*, p. 504).

27. — 1390, 5 janv. — *Jehan de la Noë* est nommé procureur du comté de Montfort par lettres de

Jean V, duc de Bretagne. — (Arch. de la L.-Inf., E. 156).

28. — 1392. — « *Jean de la Noë* est mentionné dans les titres de la baronnie de Retz, en 1392. » — (La Chenaye, XI, 44).

28 bis. — *Jehan de la Noë*, s. de la Noë de Passay. — (C^to de Cornulier, p. 208).

29. — 4 août, Le Mans. — La Monstre de Messire *Jehan de la Noë*, escuier, et de sept autres escuiers de sa compagnie, veuz au Mans le 4 aoust 1392. Ledit de la Noë, *Gilles de la Noë*, Raoulet de Rony, etc. — (D. Morice, II, 613).

30. — 1396. — « *Guillaume de la Noüe de Fresnay* tenoit à foy et homm. de J. de Goulaine plusieurs choses mouvantes de la terre de Goulaine, que led. J. de Goulaine avoua tenir à foy, homm. et rachapt de l'abbé de S Jouin de Marennes. » (Villevieille, t. 64, f. 62).

31. — 1400, 6 août. — *Marie de la Noë* fait cession de tous ses droits à *Jehan de la Noë*, son frère. — (*Cartul. de Rays*).

82. — Même date. — *Jehan de la Noë*, frère de Marie, qui lui a cédé ses droits, fait un accord, pour des rentes en la par. de la Chevrollière et en la châtell. des Huguetières, avec Cath. de Machecoul, dame de la Benate. — (*Ibid.*).

33. — 1402. — « *Guillaume de la Noüe*, seigneur dud. lieu, rendit aveu à la châtell. des Huguetières pour la terre noble de Guibretoux. » — (La Chenaye, XI, 44. — C[to] de Cornulier, p. 149).

34. — 1407, 10 mai. — « Girart Blanchart, fils et princ. hér. de feu Mgr G. Blanchart, ch[er], assigna aux abbés et rel. de Buzey la rente ann. de 20 l. que feües Coline Gouion, son ayeule, et dame J. de la Pinelaye, sa mère, leur avoient léguée, sur divers héritages assis en la par. du Pèlerin dans les fiefs de *Monseigneur Jehan de la Noe*, etc. » (Villevieille, t. 64, f. 62).

35. — 1408. — *Guillaume de la Noë* rend aveu à la seign. de Loyaulx pour ses terres, fief et jurid. de la Noë, s'étendant aux par. de Fresnay et Sainte-Pazanne. — (Arch. de la Ch. des compt. de Bret. — C[to] de Cornulier, p. 207).

36. — 1411, 17 juin. — *Le sieur de la Noë* rend homm. à Gui de Laval, sire de Rays, à cause de la terre de Bourgneuf, qu'il tient en vertu du rachat à lui échu par le décès de Cath. de Machecoul, dame de la Suze et de la Benate. — (Marchegay, n° 221).

37. — Vers 1410. — « *Guillaume de la Noüe* [quartaïeul de François, dit Bras-de-fer], de qui le tombeau se trouve encore (1661) dans l'église de Fresnay au païs de Rhets, où il est enterré avec Anne de Bretagne, sa femme...» — (Amirault, p.16, pl. 1).

38. — 1412, au camp dev. Bourges. — *Macé de la Noë*, écuyer de la comp. du bègue de Grouches, écuyer. — (Clairambault, t. 55, p. 4212).

39. — 1412, 14 mai, Melun. — *Alain de la Noë*, écuyer de la comp. de Colart, s. de Mailly, chev. bachelier (*Ibid.*, t. 68, p. 5312).

40. — 1414. — « ... Les ennemis, ayant été informés que le prévôt [de Paris] revenait au camp avec la solde des troupes, chargèrent deux de leurs plus braves capitaines, Guitardon et *Yves de Lanoue*, d'aller se mettre en embuscade pour le surprendre, etc. » — (*Chroniq. du Relig. de S. Denis*, publ. par L. Bellaguet, t. II, l. 33, c. 13).

41. — 1414. — *Morice de la Noe*, écuyer de la retenue de Bertrand de Dinan, s. des Huguetières, maréchal de Bretagne. — (Morice, II, 1105).

42. — 1417. — Jehan de Basoges et *Jehanne de la Noüe*, sa femme, rendirent aveu pour la terre et seign. de la Noüe, en 1417 et 1445. — (La Chenaye, XI, 44).

43. — 2 oct. — *Jehan de la Noe* mande de payer 60 s. aux moines de Villeneneuve. — (Villevieille, t. 64, f. 62).

44. — 1418. — « Noms des seigneurs, chevaliers, chevetaines, gensdarmes et autres que Mgr le Duc mène avec luy en ce présent voyage de France qu'il encommence de faire pour le bien de la paix générale et union du Royaume de France :... *Estienne de la Noue...* Messire *Alain de la Noe...* » — (Morice, II, 966-968. — A. de Couffon, *Rech.*, II, 364).

45. — 1419, 17 fév. — « Monseigneur [Jean] de la Noë, chevalier, reconnaît devoir aux abbés et rel. de Villeneuve plusieurs années d'arrér. d'une rente ann. de 20 d. et deux boesseaux de seigle ». (Villevieille, t. 64, f. 62).

46. — 1419, 12 juillet. — *Jehan de la Noe*, chevalier, mande à son receveur de payer certaine somme en argent et en seigle qu'il devoit aux abbés et rel. de Villeneuve pour les arrér. d'une rente de

20 d. et deux boiss. de seigle. « N'y faictes faulte, car ainsy je le veulx, et ce que vous aurez poyé vous sera desduict. » — (*Ibid.*).

47. — 1419, 17 août. — Aveu rendu, en la cour de la Roche, siège et baill. de Nort, à noble homme *Morice de la Noe*, seigneur de Toulan. — (Lainé, *Généal.*, 2° suppl., p. 12).

48. — 1420. — *Maurice de la Noüe*, écuyer de la retenue du maréchal de Coëtquen. — (P. de Courcy, *Nobil.*, II, 217).

48 *bis*. — *Tiphaine de la Noë*, dame de Vieillecour, femme de Pierre de Bruc. — (Cte de Cornulier, p. 280).

49. — 16 oct., Vannes. — Messire *Jehan de la Noë*, chevalier, est un des seigneurs ligués avec le Duc de Bretagne contre les Penthièvre. — (Morice, II, 1060).

50. — 1421, 30 juillet. — *Jehan de la Noë*, chevalier, mande à son intendant de payer aux abbé et rel. de Villeneuve les arrér. de onze années qu'il leur doit d'une rente ann. de 20 d. et 2 boiss. de seigle. — (Villevieille, *loc. cit.*).

51. — 1 sept., Montoire. — *Guillaume de la Noë*,

7.

écuyer de la comp. de J. de Tournemine, s. de la Hunaudaie, chev. banneret.--(D. Morice, II, 1089).

52. — 1422, 25 juillet. — *Jehan de la Noë*, chevalier, seigneur de la Noë et de la Moricière, mande de payer aux rel. de Villeneuve les arrér. d'une rente de 10 d. qu'il leur doit sur la terre de la Moricière. — (Villevieille, *loc. cit.*).

53. — 1423, 10 juin, Nantes. — Testament de Jean de la Noüe, chevalier.

En nom du Père et du Fils et du sainct Espérit, amen. Je *Jehan de la Noë* chevalier, malade en corps et non en pencee... ordonne mon testament et derraine volunté en la forme et manière qui ensoust. Premier : Je recommande mon âme à mon Dieu, mon Père, mon créatour, et à la benoiste Vierge Marie sa mère, et à Mgr sainct Michel, et à toute la célestial court de Paradis, et mon corps à l'ensepulture de saincte Eglise, laquelle je veil et esleis que soit à Nantes à N. D. du Carmel, et vueil et ordonne estre mys bien et honnestement comme bon homme et bon catholicque doibt selon son estat... Item je vieulx et ordonne que ung testament que fiz autreffoiz et composa Guille Rondeau, maistre et rectour des escoulles de Machecoul,... ait son effect... excepté cela où il estoit dit que j'avoye donné à *Jehan de la Noë*, sieur de Loriardière, trente livres de rente ; je en recuide et annulle vingt-cinq l. de rente... Item, je veil et ordonne que la terre de Massainc qui fut baillée à *Annette*, ma fille, en mariage faisant o Breteren de Treal, luy soit recompansce sur ma terre, a la election de mon heir principal, de la ou ledict de Treal ne luy vouldroit restituer sa d. terre. Item, je donne à *Marie*, ma fille, femme Guille Desrame, après ma mort cent l. de rente perpétuelle et dous cens escuz dor une fois poiez... Item, je donne à *Briete*, ma fille, cent l. de r. p. après ma mort et dous cens escuz dor une fois poiez... Item, je veil et ordonne que *Jamete*, ma sœur, ait ce que luy promis en mariage faisant o Jehan Bocart... Item, je donne à *Jehan de la Noë*, mon filleul, vingt l. monnoies une foiz poiez... Item, pour ce qui est de trante soulz de rente qui sont deuz par an sur la terre de la Moricière à *Jehan de la Noë*, s^r de Loriardiere, je vieulx et ordonne quilz ly soient poiez ou temps que jai levé et tenu celle terre... Item, je donne et lesse à ma compaigne ma famme touz et chascuns mes biens meubles quelxconques... Item, je ordonne et esleis mes executeurs de cest mon testament... Bertran de Treal, le provincial des Carmes, J. de Trevecaz, J. de la Tousche, et ma compaigne ma famme... Faict et donné par nostre court de Nantes et par la court de Monsieur l'Official dud. lieu, le dixiesme jour du moys de Juign lan mil IIII° vingt et troys, garans presens requis et appelez maistre André Symon, J. de la Tousche, B. de Treal, Guill. Desrame, *Girart de la Noë*, *Jehan de la Noë*, etc.

(Arch. de la Loire-Inf., H. 223; fonds des Carmes, charte du 7 janv. 1460, dans laquelle est rapporté ce testament).

54. — 1425. — « Chevaliers et seigneurs qui accompagnèrent Mgr le Duc dans son voyage à Amiens... Dans la comp. et sous les ordres de Mgr de Richemond : Ch. de Montmorency, J. de Saint-Gilles de Beton, *Morice de la Noë*, Morice de Quelen, etc., archiers pour le Duc. » (D. Morice II, 1174. — A. de Couffon. I, 533).

54 *bis*. — 1427. — *Guillaume de la Noë*, s. de la Ramée. — (Cte de Cornulier, p. 238).

54 *ter*. — *Maurice de la Noë*, seigneur de Guibretoux. — (*Id.*, p. 149).

55. — Vers 1430. — *Morice de la Noë*, écuyer, rend aveu à l'Évêque de Nantes pour la châtell. de Saint-Etienne-de-Montluc. — (Arch. de la L.-Inf., G. 26).

55 *bis.* — 1430. — Noble escuyer *Jehan de la Noë*, époux de Françoise de la Chapelle. — (C^to de Cornulier, p. 175).

56. — 1432, janv. — *Morice de la Noë*, écuyer d'écurie du duc Jean V, au siège de Pouancé, ayant eu de ses gens pris par la garnison de Craon, ce prince lui fait don de la somme nécessaire pour payer leur rançon. — (B. N., ms. fr. 11542, f. 19).

57. — 1438. — *Perrine de la Noë*, épouse de Miles Bruneau, écuyer, s. de la Rabastetière en Poitou. — (Ch. de Sourdeval, *La Rabastetière*; ap. *Ann. de la Société d'émul. de la Vendée*, 1871).

58. — 1439, 28 janv. — « Guill. Desrame et *Marie de la Noë*, sa femme, seigneur et dame de Vaigneu, poursuivis par leurs créanciers et accablés de dettes, tant à cause de la succession de feu messire *Jean de la Noë* et dame Jeanne du Pont, sa femme, père et mère de lad. Marie, que autrement, » obtiennent du duc Jean V des lettres de répit. — (Villevieille, *loc. cit.*, et XXXV, 63 v.).

58 *bis.* — 1440. — *Jehan de la Noë*, s. du Vrigné, Briord, la Nivardière et la Hunaudais. — (C^to de Cornulier, p. 92, 93, 160, 175).

58 *ter.* — *Catherine de la Noë*, dame de la Toubraye-d'Arsangle, en La Chevrolière. — (*Id.* p. 279).

58 [4]. — 1442, 12 mai, Nantes. — Nobles gens Guill. Desrame et *Marie de la Noë*, sa femme, constituent des procureurs gén. et spéc. pour comparoir en leur nom en toutes leurs causes. — (Villevieille, XXXV, 64).

58 [5]. — 15 juill., chât. de la Touche. — Jean, duc de Bretagne, donne mandement pour exécuter un jugement de sa cour, qui condamne Guill. Desrame et *Marie de la Noë*, sa femme, s. et dame de Vigneux, à souffrir que les relig. de Buzey passent sur leur d. terre de Vigneux. — (Villevieille, *ibid.*).

59. — 1445. — *Jehanne de la Noë*, femme de Jehan de Basoges. — (Cte de Cornulier, p. 206).

60. — 1447-1448. — « Compte de Messire *Morice de la Noë*, trésorier et receveur général des recettes et mises depuis le 15 aoust 1447 qu'il fut institué jusqu'au 15 juill. 1448 que Morice de Kerloeguen fut constitué..... » — (D. Morice, II, 1411).

61. — 1448. — *Colas de la Noüe*, châtelain de Châteaufremond, fait une solde pour Marg[te] d'Orléans, dame de Châteaufremont, — (Arch. de la L.-Inf., E. 34).

62. — 1450, 2 déc. Nantes. — Jehan Desrame, s. de Vigneu, reprend le procès commencé par les relig. de Buzey contre nobles gens Guill. Desrame et feu *Marie de la Noë*, ses père et mère. — (*Villevieille, loc. cit.*).

62 bis. — 1451. — Noble écuyer *Moricet de la Noë*, s. de la Noë en Saint-Etienne de Montluc. — (Cte de Cornulier, p. 207).

63. — 24 oct. — Aveu rendu, en la cour de Vigneu, à Saint-Etienne de Montluz, par Noble escuier *Morice de lo Noë* à son très honouré seigneur et mestre le rév. père en Dieu missire Guill. de Malestroit, par la grâce de Dieu et du S. Siège de Rome évesque de Nantes, pour ses fiez et seignourie en lad. paroesse dud. lieu de Saint-Etienne de Montluz. — (Arch. de la L. Inf ; G. 26, orig. parch.).

64. — 20 mars. — « Etats de Vannes. — Le lundy 20e jour de mars furent plaidoyées les causes de Raoul Bouquet, comparu par Me Jehan de Guerande, son procureur, contre *Morice de la Noë*.... » — (D. Morice, II, 1580).

65. — 1453. — « Extr. du 2e compte de Raoul

de Launay, très. de Bretagne… *Jehan de la Noë*, servi-
teur [1] du sire de la Hunaudaye, ayant accomp. le Duc
dans son voyage en Guyenne… » — (*Ibid.*, c. 1628).

66. — 8 juin, Nantes. — « Noble et puissant
Gilles Tournemyne, s. de la Hunaudaye et de Vezins, tant en son nom que ou nom de Béatrix de la
Porte, sa compaigne », fait cession à « noble
escuyer Jan de la Noë, ou nom de luy et de Françoise de la Chapelle, sa compaigne », de tous ses
droits de seigneurie et d'héritage en Orvault, esti-
més à 17 l. de rente, à valoir sur une rente de
50 l. que le d. Gilles leur devait. — (Arch. de la
L.-Inf., E. 469).

67. — Même date. — « Noble escuyer *Jehan de
la Noë*, seigneur de la Vrignay et de la Broce, ou
nom de luy et de Françoyse de la Chapelle, sœur
de René de la Chapelle, sa femme », échange avec
mess. J. Lesprevier, fils de Pierre, tous ses droits
de seigneurie et autres en Crvault, contre des rentes à percevoir « ès paroesses du Pélerin, S. Jehan

[1] Cette qualification n'implique pas un office servile ;
comme celle de « domestique », elle était anciennement
compatible avec la meilleure noblesse. Voy. Maimbourg,
Hist. des crois. II, 152 : « Deux des plus vaillans chevaliers,
l'un français, appelé André d'Urboise, *domestique* de l'évesque de Soyssons…. »

et S. Pierre de Bouguenay, » et à Nantes. — (*Ibid.*).

68. — 14 juin. — N. et p. damoyselle Béatrix de la Porte, femme de n. et p. s. Gilles Tournemyne, ratifie la cession par lui faite de tous ses droits en Orvault à *Jehan de la Noë* et sa femme, sœur germaine de feu René de la Chapelle, pour assiette de 50 l. de rente baillées par hérit. aux d. Jehan de la Noë et Françoise de la Chapelle par le d. René. — (*Ibid.*).

69. — 1453. — Aveu de la terre de Guibretoux par *Maurice de la Noüe*, seigneur de la Noüe. — (La Chenaye, XI, 44. — Cte de Cornulier, p. 149).

70. — 1455. — *Morice de la Noë*, vivant en 1455. — (Cte de Cornulier, p. 206).

70 bis. — 1456. — *Morice de la Noë*, s. de la Boissière. — (Cte de Cornulier, p. 79).

71. — 1457, 8 avril. — « Les prédéc. de dam^{lle} *Jehanne de la Noë*, femme de Jehan, s. de Basoges, avoient légué 30 d. de rente pour fonder une chapellenie en l'égl. de N. D. de Nantes, et noble écuyer *Morice de la Noë*, seigneur de la Noë et de Toullain, hér. princ. de lad. Jehanne, assigna lad. rente en la par. d'Esconblac, du consent. de noble

homme messire *Olivier de la Noë*, chevalier, son fils
aîné. — (Villevieille, t. 64, f. 62).

72. — 1457-1458. — « Gages des Gens des comptes [du Duc de Bretagne] :... Messire *Guillaume de
la Noue....* » — (D. Morice, II, 1726).

73. — 1458, 4 avril. — Le duc Arthur III mande
aux Juges de Nantes de mettre hors de cour et de
procès messire *Jehan de la Noë*, capitaine de Machecoul. — (Actes des ducs de Bretagne. — D. Morice, II, 1716).

74. — 1459, 9 juin. — *Jehan de la Noë*, escuyèr,
sgr du Vrignay, en Machecoul, et de la Broce, en
Fresnay, rend hommage à René, sire de Rays, pour
ce qu'il tient de lui en la baronnie de Rays. —
(Arch. de Nantes, *Très. des chartes*, reg. 4, n° 31).

75. — 25 Sept. Ancenis. — « Françoys par la
grâce de Dieu Duc de Bretagne... Avons aujourd'huy
institué nostre amé et féal escuier et conseiller
Guillaume de la Noë thrésorier et recepveur général de nos domaines... » — (D. Morice, II, 1745).

76. — 1459. — « Gages pour le dit an. Gens du
Conseil... *Morice de la Noë...* » — (*Ibid.*, c. 1746).

77. — 1463. — Aveu de la seigneurie de la

Noüe par *Olivier de la Noüe*, chevalier. — (La Chenaye, XI, 44).

77 *bis.* — *Olivier de la Noë* est seigneur de Toulan et de la Boissière. — (C^to de Cornulier, p. 79, 271).

77 *ter.* — *Jehanne de la Noë de Passay*, femme de Renaud de Ploüer. — (*Id.*, p. 208).

78. — 1465. — Procédures entre noble chevalier messire *Olivier de la Noë*, s. de la Noë et de Toullan, fils et hér. princ. de feu *Morice de la Noë*, et Amaury Guicho, s. de la Muce, comme tuteur et garde de Fr. de Carné, fils aîné et hér. princ. et noble de feu Éon de Carné, procréé en Jeane de Trecesson, sa compagne épouze. — (*Extr. de Bretagne*, p. 158).

79. — 22 sep^t., Caen. — Traité entre Louis XI et le duc de Bretagne. «... Par le Duc, de son command^t et en son Conseil, ou quel sont les sires de Loheac, mareschal de France, et de la Roche, les sires de la Hunaudaye, de Pinpéan et *de la Noe*, et plus. autres. » — (D. Morice, III, 116).

80. — 1466, 28 janv. — *Jehan de la Noe*, homme d'armes de la comp. du sire de Lescun. — (*Ibid.*, c. 124).

81. — 12 mars. — Aveu rendu en la cour des Huguetières, à noble homme *Jehan de la Noë*, s. de la Broce, du Vrignays et d'Ataron en la par. de S. Columbain, par n. escuier J. de la Tousche, s. de la Tousche. — (Arch. Nat., M 494, n° 18, orig. parch.).

82. — 1467, 8 sept. — *Perrin de la Noë* doit 3 s. de rente « à Madame la priouresse du Bourg des Moustiers et de S. Cyr de Nantes, au terrouer de Boays-Garen ». — (Arch. de la L.-Inf., H.557).

82 bis. — 1470. — *Béatrix de la Noë*, femme d'écuyer Charles de Cahideuc, dame du Vrigné, Briord et la Hunaudais. — (C^to de Cornulier, p. 92, 93, 160).

83. — 9 mars. — « Le sire de la Noë », cité comme possesseur des prés de Noeaulx, en Machecoul. — (Arch. de la L.-Inf., *Cad. de Machecoul*).

84. — 10 mars. — «, P. Olivier et autres reconnurent être hommes et sujets de noble homme messire *Olivier de la Noë*, chevalier, s. de la Noë, et tenir de luy, en sa terre et seign. de Guémené plus. héritages. » — (Villevieille, t. 64, F. 63).

85. — 1472. — « *Olivier de la Noë* deffendoit en une cause pendante au parl^t de Paris contre G. Chauvin, tuteur des filles mineures de feu J. de la Muce. » (*Ibid.*).

86. — 1474. 18 juill. — *Jehan de la Noë* figure dans la montre des 20 lances et 40 archers de l'ordonn. du Duc de Bretagne sous la charge de Mʳ de la Hunaudaye. — (D. Morice, III, 271).

87. — 2 oct. — Rente de 203 l. 5 s. 7 d. constit. au profit du chap. de S. Pierre de Nantes par J. de Penhoët et *Olivier de la Noë*. — (Arch. de la L.-Inf., G. 246; *Créanciers. de Messire Claude de Bretagne*, acte du 20 nov. 1679).

88. — 1477, 20 nov. — « Les témoins qui déposent en l'enquête ordonnée en la cour de Nantes... déclarent avoir connoissance que feue noble dame Béatrix de la Porte, femme de Mess. Gilles de Tournemine, chᵒʳ, sire de la Hunaudaye, avoit donné à feu *Jean de la Noüe* et à son fils aîné la capitainerie du château de Vesins, et qu'après le décès de lad. feue dame, arrivé depuis env. 21 ans, mess. Hardi de la Porte, chᵒʳ, son oncle, avoit contesté cette capitainerie aud. de la Noüe, qui y avoit esté maintenu par jugement rendu à Angers; qu'en outre, lad. feue dame avoit légué par son testᵗ aud. de la Noüe et aux siens sa terre et seig. d'Orvault.... » — (Villevieille, *loc. cit.*).

89. — 1479, 17 août. — Aveu rendu à h. et p. sgr. Guy, comte de Laval, sire de Vitré et de Châteaubriant, par « noble homme messire *Olivier de la Noë*, chevallier, sgr dud. lieu de la Noë et de Toullan, en nom et comme garde naturel de n. et p. sgr Nicolas, sire de la Roche. » — (Lainé, 2° supp., p. 12).

89 bis. — 1480. — *Françoise de la Noë*, dame de la Noë en Basse-Goulaine, femme de Guill. de Malestroit, s. d'Oudon. — (C^to de Cornulier, p. 207).

90. — 1481. — Jeanne de Laval, veuve d'*Olivier*, chevalier, *seigneur de la Noüe*, tutrice de *François de la Noüe*, son fils. — (La Chenaye, XI, 44).

91. — 23 sept. — « Guillemette, veuve d'Alain Brochart, avoua estre hommesse et sujette de noble escuyer *François de la Noë*, fils aîné et hér. princ. et noble de feu messire *Olivier de la Noë*, sgr de la Noë et de Touslan, et tenir de luy un pré assis en ses fiefs et seigneuries de Guéméné. » — (Villevieille, *loc. cit.*).

92. — 1483. — « Messire Guill. de Malestroit, chevalier, second fils d'Alain de Malestroit et de Jeanne de Malestroit, sgr d'Oudon, etc., vicomte de Connay, succéda à son père l'an 1483. Il print en mariage *Françoise de la Noë*, dame de lu Noë en Goulaines et d'Angrier, de laquelle il eut 3 fils et 2 filles ». — (Du Paz, p. 200).

93. — 28 nov. — « *Guillaume de la Nøë de Mallenoë* reconnut devoir à R. de Marbre, écuyer, s. du Fresne, et à Alliette de Montauban, sa femme, une rente de 15 s. 10 d. que J. de Montauban, s. du Mas, leur avoit donnée. » — (Villevieille, *loc. cit.*).

94. — 1484. — « *Guillaume de la Noüe* fut capitaine de 24 lances et l'un des nobles Bretons qui se réfugièrent en Touraine, en 1484, à cause de leur démêlé avec le ministre Landois. » — (La Chenaye, XI, 45).

95. — 1484. — « Remonstrances du Duc de Bretagne faites au Roi de France par ses ambassadeurs. —... Remonstre que plusieurs de ses sujets coupables de plusieurs crimes, ou rompant leurs prisons, ou violant leur arrest sous caution, ou pour obvier à la prise de leur corps, fuyent et se retirent au royaume de France, qui devient pour eux pays d'impunité ; partant supplie le Duc au Roy qu'il luy plaise commander la prise desdits coupables et les faire mettre entre les mains du Duc et de sa justice, et sont principalement ceux-ci...

Messire *Guillaume de la Noë* et plusieurs autres... »
— (D. Morice, III, 454).

96. — 1488, 24 juill. Fougères. — « *Jehan de la Noë*, Thomin de Lengle, Colin d'Orenge, André du Boys, etc., figurent dans le « roolle de la monstre et reveue de 313 hommes de guerre à pié estans en l'ost et armée que le Roy nostre seigneur fait à présent lever au dit lieu (Fougères) soubz la charge et conduite de Pierre de Feuguerolles, escuier, leur capitaine. » — (*Montres*, t. 18, p. 35, or. parch.).

97. — 1 Août. — Le duc de Bretagne donne commission à Mᵣᵒ Morice du Mené, chᵉʳ, capit. des archers de sa garde, et à Mᵉ *Guillaume de la Noë* de se transporter en Basse-Bretagne et assembler les nobles, ennobliz, francs-archers, eslouz et bons corps, en leur faisant injonction de se mettre incontinent sus en armes. — (Arch. de la L.-Inf., série B. Reg. de la chancell. de Bret. coté anc. 1200, *nunc* 1173, f. 249).

98. — Même date. — Le même donne comm. aux juges de Vannes, *Guillaume de la Noë*, seigneur de Lisseneuc, et Simon de Lugné, de se transp. à Vannes et faire assembler le peuple dud. lieu, et faire démolir et rebâtir les murailles et forteresses de lad. ville. — (*Ibid.*, fol. 251 v. — D. Morice, t. III, p. 583. — Arch. du min. de la marine, doss. *la Noüe*).

99. — 2 août. — Le même donne comm. à *Guillaume de la Noë*, seigneur de Liceneuc, et autres, de voir les rolles de ceulx qui ont esté esgaillez en l'emprunct. — (*Ibid.*, f. 250).

100. — 1489, Rennes. — Anne, duchesse de Bretagne, donne à Lorans Maczault, son secrétaire, les biens confisqués sur *Thebault de la Noë*, seigneur de la Ramée, et Dom Jehan de Branguen, s. de Châteaulou. [1] — (Arch. de la L.-Inf., E. 1014).

101. — 1491, 14 sept., Assigné. — *Jehan la Noë*, homme de guerre dans la comp. d'Alain Pigan, écuyer, capitaine au service du Roi en son armée de Bretagne. — (*Montres*, t. 19, p. 98, or. parch.).

102. — 1493, 10 fév. — *Guillaume de la Noë*, seigneur de Lissineuc, né en 1436, âgé de 57 ans, est témoin dans l'enquête relative aux droits des Ducs sur les Evêchés de Bretagne. — (Arch. de Nantes, Trés. des chart. R. C. 10. E. 59, n° 9).

---

[1] Cet acte, dont la date est incomplète, ne passa point à la Chancellerie et ne dut pas avoir d'effet.

103. — 1495, 25 Déc. — Sentence du sénéchal de la Haye-de-Laval, dans laquelle il est dit que le fief de Basoges, en Lavau, est en la main de « *Franczois de la Noüe*, seigneur de la Noüe », fils de « feu messire *Olivier de la Noüe* ». — (*Piéc. orig.*, doss. 48331, p. 2, expéd. en parch.).

104. — 1496, 8 août. — Aveu rendu au seign. de la Meilleraye par « Pierre de la Nouhe, escuyer, ou nom et comme procureur de Guill. Vergereau, escuyer, Sᵣ de la Jalière » en Orvault. — (*Ibid.*, p. 3, orig. parch.).

105. — 1499, 8 mai, Ancenis. — « Noble et puiss. sgr *François de la Noë*, s. de la Noë, Touslan et Launay-Basouin, vend, moyennant 300 l., à nobles gens René, s. de Bruc, et Jamet Jubier, s. du Brossay, la seigneurie de Touslan, en Guémené, à lui venue de feux Messires *Ollivier de la Noë*, son père, et *Morice de la Noë*, son ayeul. — (Villevieille, *loc. cit.*).

106. — 1505. — Mariage de *Guillaume de la Noüe* avec dᵘᵉ Christine Perrault de la Vallière. — (La Chenaye, XI, 45).

107. — 1510. — *François de la Noüe*, s. dud. lieu, se distingue dans les guerres d'Italie sous les maréchaux de Rieux et de Gié. — (*Id.*, XI, 44).

108. — 1510. — Constit. d'une rente hypothéc. de 3 l. 6 s. pour la chapellenie de la Magdeleine en la Cathédrale de Nantes, par G. de Malestroit et *Françoise de la Noë*, son épouse, s. et dame d'Oudon, et leur fils ; par *Jean-François de la Noë*, s. de la Noë et Launay-Bazouin, et Ch. du Butay, escuyer, s. de la Roche. — (Arch. de la L.-Inf., G. 155).

109. — 1519. — Tanneguy Sauvage, baron de Retz, permet à *François de la Noüe*, en considér. tant de ses services que de sa noblesse, et en augment. de sa seigneurie de la Notte, d'y construire château, maison-forte à douves et pont-levis, avec tous les droits de châtellenie. — (La Chenaye, *loc. cit.*).

110. — V. 1520. — « Magdeleine de Chasteau Brient [3ᵉ fille de René, chevalier, comte de Casant, baron du Lyon d'Angers et de Loigny, et d'Hélène d'Estouteville, et sœur puinée de la comtesse de Croy d'Arschot et de la baronne de Montsoreau, fut] mariée avec *François de la Noë*, s. de la Noë en Bretagne et de Chavanes en Anjou. » — (Du Paz, p. 812. — B. N., ms. fr. 20276, *Généal. de Châteaubr.*, f. 82 v.).

111. — 1524, 8 avril, Lyon. — Revue de la comp. de cent lances des Ordonn. du Roy, commandée par le M^{al} Anne de Montmorency : « Archiers... *Gilles de la Noüe... Guillaume de la Noüe...* » — (*Sceaux*, LXXVII, 6061).

112. — 1537, 26 juill., Nantes. — Testament de François de la Noüe.

Au nom de la S. et individue Trinité, Père, Fils et S. Esprit, amen. Nous *François de la Noé*, s. dud. lieu, de Launay Basouin, du Boisgreffier, de Lesemeuc, la Porte Bernier et de la Bouexiere, estant à présent detenu de maladie corporelle, mais, la grâce à Dieu nostre Créateur, sain d'entendement et pensée... Fais et ordonne mes testament, ordonnance et derraine volunté en la forme et manière qui sensuilt... Je veulx et ordonne mon dit corps estre porté en l'église de N. D. de Fresnay en Rays et estre inhumé et ensepulturé au cueur d'icelle église au devant du grand autel, au lieu ou mon père fut enterré... Item, je prie à Messeigneurs les officiers du Roy, nobles, manans et habitants de Nantes de prendre et accepter... dix l. de rente tournois pour bailler par chacun an à quelque maistre de mestier pour apprendre ung jeune enfant de mes terres, de l'asge de douze ans ou environ, à mestier où il puisse gaigner sa vie... Veulx que la maison que ai eue desdits Thomas et Lorme soict establie, et la donne à jamais héritellement pour loger les paouvres passans... Pour l'accomplissement duquel mon testament je nomme et establis mes bons et chers amis pour exécuteurs de ce présent mon testament, savoir nobles personnes Bonaventure Lespervier, ma tres chère fille veuve de feu *François de la Noë*, s. de Chavannes, mon fils, et frère François Lespervier, religieux de l'ordre de S. Dominique, père de lad. Bonne aventure, et mon tres cher compère et bon amy messire Christophe Brecel, seneschal de Nantes et s. de la Seilleraie... (Arch. du chât. de Naie. — *Revue des prov. de l'Ouest*, mai 1855, pp. 656-665).

113. — 1537, 1 décemb. — Les gens des comptes du Roy en Bretaigne font savoir : que Noble escuyer *Guillaume de la Noüe*, s. dud. lieu, cons. du Roy, lieutenant-général en Touraine au siège de Chinon, a fait au Roy les foy et hommaige qu'il estoit tenu faire à S. M. à cause de la maison noble, fiefs, dismes et apparten. des Planches, en la par. de Pacé, qu'il tient nobl' et prochement de S. M. sous la jurisd. de Rennes, à luy escheue par le décès de dam[lle] Cristine Perrot sa mère, puis les 4 ans der-

niers. « Fait en la Chambre et soubz le scel des d.
comptes à Nantes, ce 1er jour de déc. 1537, signé,
Valdain. — L'arrest cy devant a esté apparu et leu
en la cour de Rennes, le 15e jour de déc. 1537, signé, Ichardy ». [1] — (B. N., *Carrés* de d'Hozier, t.
471, p. 4).

114. — 1543, 28 mai. — Garnison noble du châ-
tel de Nantes:.... *François de la Noüe*, seigneur du
d. lieu. — (D. Morice, III, 1047).

115. — 1547. — « Bonadventure Lespervier,
vesve *Françoys de la Noë*, pour elle et ses enfants
tient de Nogent-le-Rotrou, de Brou, de Regmallard
et de Frelle... — Dame Bonnadventure Lespervière,
vesve messire *Françoys de la Noë*, ayant la garde de
ses enfants, tient de la baronnie de Brou. » — (*Mondonville*, XI, f. 149 v., 150 v., 151).

116. — 1550, 8 fév., Angers. — « Bonneadven-
ture Lespervier, dame de la Noë, veufve de deffunct

___

[1] La copie de cet arrêt ayant été produite sur parch., le
juge d'armes a cru qu'on avait eu la prétention de produire
un orig., qu'il déclare « des plus mal faits ». Les plus avisés
ont de ces distractions. Le même acte fut produit scellé,
avec sa publication dans la cour de Rennes, en 1661, pour
les preuv. de Malte de Ch. de S. Pern. Voy. ci-après, no
214.

mess. *François de la Noë*, en son viv. chevalier, gentilh. de la ch. du Roy, fils et hér. princ. de deff. noble et puiss. *Françoys de la Noë*, en son viv. s. dud. lieu de la Noë, » s'engage à servir à la Maison-Dieu de Nantes une rente de 15 l. jusqu'à ce qu'elle lui ait baillé, en exécution du testament de son dit beau-père, « certaines terres déclarées aud. testament, ordonnées par led. testateur pour la fond. et dotation d'un hospital de Maison-Dieu au bourg de Fresnay... » — Toublanc, not. royal, à Angers. — (Arch. du chât. de Naie. — *Revue des prov. de l'Ouest*, mai 1855, p. 664).

117. — 1552, 21 juill. — Bail à ferme consenti par h. et p. dame Bonnav. Lespervier, vesve de feu h. et p. seigneur mess. *Françoys de la Noë*, chevalier, s. dud. lieu, la Rochebernard, Launay, Bertoncelles, le hault Plessis, au nom et comme ayant la g. n. des enfans dud. defunct et d'elle, pour raison dud. Bertoncelles. — (Mondonville, VI, 593).

118. — 1553, 18 mai. — Aveu de la seign. de Briort et de partie de la seign. de la Noüe rendu, en la châtell. des Huguetières, à J. d'Annebauld, cher, s. de Machecoul et des Huguetières, par « noble d. Bonnav. Lespervyer, dame de la Noüe et de Briort, vefve de feu missire *Françoys de la Noüe*, en son viv.

chevallyer s. de Chavannes... le tout mouvant en plain fieff d'ycelluy dannebauld... » — (Arch. de la L.-Inf., E. 352).

119. — 1558, 1559, 1560. — *Françoys de la Noüe*, homme d'armes, donne quitt. de ses gages de « guidon d'une comp. de 50 lances fournies des ordonn. du Roy estans soubz la charge et conduicte de Mr de Dampville. » — (*Pièc. orig.*, doss. 48331, p. 4-6, parch.).

120. — 1559, 14 nov. — Aveu rendu, en la cour de Donges, à h. et p. dame Mme Suzanne de Bourbon, comtesse d'Harcourt et vicomtesse de Donges, par *Charles de la Noë*, escuyer, s. de la Ramée en Prinquiau... « Et premier,... ung fyé nommé le fyé de la Noë, partante avecques le prieur de Donges et maistre escolle... » Signé : « Charles de la Noüe. » — (Arch. de la L.-Inf., E. 445).

121. — 1561, 3 mars. — Partage noble entre Noble personne *Charles de la Noüe*, escuyer, Sr de la Noüe, Grigné le Brizay et le Vaulbreton, fils aîné hér. princ. et noble de Noble *Guillaume de la Noüe*, escuyer, et de D^{lle} Françoise Joli, sa femme, vivants s. et d° desd. lieux, et Nobles pers. *Guillaume de la Noüe*, Sr de la Gilberdière, et messire *René de la Noüe*, chanoine de Chinon. — (Preuv. de Malte pour Ch. de St Pern en 1661. — Voy. ci-après n° 214).

122. — 1562, 5 fév., Paris. — Foy et homm. rendus au Roy, comte du Perche et s. châtelain de Bellême, par « mess. *Françoys de la Noüe*, ch^{er}, gentilh. ord. de la Ch. dud. sieur Roy, s. de Rochebenard, la Noüe, Berthoncelles, la Grand Beuvrière, etc., filz et hér. de feu mess. *Françoys de la Noüe*, en son viv. aussy ch^{er} s. desd. lyeulx », pour la seign. de la Beuvrière, etc. — (Arch. Nat., P. 351, CXII, orig. parch.).

123. — 12 mars. — Charles IX avise les gens de ses comptes et son bailly du Perche que *Françoys de la Noüe*, ch^{er}, s. de la Beuvrière, etc., « tant pour luy que pour dam^{lle} *Claude de la Noüe*, sa sœur, » lui a fait foy et homm. pour la seign. de la Beuvrière, tenue de la châtell. de Bellême. — (*Ibid.*, CXI, orig. parch.).

124. — 1564, 12 juill. — Adveu passé soubs le scel de la chastell. de Rabestain par n. et p. s. Mess. Pierre le Vavasseur, ch^{er}, s. d'Esguilly et a. l., capit. de 50 h. d'armes des ordonn. du Roy, en faveur de Mess. *Françoys de la Noë*, chevalier, s. de Bertoncelles, Montchauvel, le Sausoy, la Roche Bernart et le Tronchay, à raison de plus. terres et hérit. siz à

Villemort, tenuz en fief dud. La Roche Bernart. — *Mondonville*, IV, 354).

125. — 24 nov., Nantes. — Noble et p. damoyselle *Claude de la Noë*, femme de n. et p. Jacques le Porc, s. de Larchaz, etc., vend pour la somme de 3000 l. t., à Fr. le Bloau, s. de Gargoullé, et Martin Hervé, s. du Boys, le lieu de la Chignardière en Machecoul, et autres hérit. « à elle advenuz et escheuz par partaige faict avecques n. et p. *Françoys de la Noë*, s. dud. lieu, son frère, des biens et succ. de deff. n. et p. mess. *Françoys de la Noë*, leur père. » — (Arch. du marquisat de la Garnache; reg. des ventes et contr. de la seign. du Boys).

126. — 1568. — Aveu des seigneuries de Bretoncelles et Montisambert rendu au Roi, comte du Perche, par mess. *Françoys de la Noë*, cher, s. dud. lieu, filz et hér. de deff. mess. *Françoys de la Noë*, cher. — Mondonville, V, 642).

127. — 1569. — Déclar. des terres que tient à homm. lige de h. et p. Guy de Rieux, vicomte de Donges, « escuyer Jan Charete, s. de la Noüe et de la Rumée, ce par cause de d^lle Janne du Dreyseuc, sa compaigne, à cause de *Magdeleine de la Noë*, sa mère, decedbée en l'année 1569. Et premier : Le manoir noble et seign. de la Ramée... » — (Arch. de la L.-Inf., E. 447).

128. - — V. 1569. — *Claude de la Noüe* rachète la terre seigneuriale de la Chignardière. — (Arch. de la famille de l'Estourbeillon, Livre terrier de la seign. du Boays).

129. — 1570, 15 janv. — Contr. de mar. de Noble et puissant *Charles de la Noüe*, escuyer, s. de la Noüe, advocat du Roi au baill. de Touraine, fils et hér. princ. et noble de Noble et puissant *Guillaume de la Noüe* et de Françoise Joli, vivants s. et dame de la Noüe, — avec d\ue Marie de la Barre, fille de Mre J. de la Barre, escuyer, cons. du Roi et lieut. gén. de Chinon, et de Claude Boutin, s. et dame de la Beausseraie et de Lestang. — (Preuv. de Malte pour Ch. de St Pern en 1661. — Voy. ci-après, N° 214).

130. — 1570. — *Charles de la Noüe*, s. de Vair, épousa Marie de la Barre, « issue de Jean de la Barre, qui vainquit Mathieu de Goureray, anglois, au célèbre tournoi fait à Lisbonne, et qui étoit frère d'Emory de la Barre, chevalier breton, tué à la bat. de Poitiers en 1356. » — (La Chenaye, XI, 45).

131. — « Fontenay se rendit à composition, e

M. *de la Noë* y fust blessé au bras gauche d'ung coup de balle. » — (Arch. du chât. de Saffré, *Dial. manuscrit*, 1570-1649).

132. — 1574, 16 sept., La Rochelle. — Bapt., au temple de St Yon, de Josias, fils de Jacq. Berlin, s. de Gourdault. Parrain : *Françoys de la Noüe*, qui signe « De la Noüe ». — (Arch. de la Char. Inf., *Inv. somm.*, Egl. réf. de La Roch., E. 8).

133. — 1580, 31 janv. — Messire *Charles de la Noüe*, cons. du Roi en sa cour de parl. de Bret., confesse avoir reçu du trés. de l'épargne « la somme de cent escus d'or solz, à luy ordonnée par led. seign. pour estre venu en dilligence sur chevaulx de poste de Champigny en Poictou, de la part de Mr le Duc de Montpensier, apporter lectres à S. M. concernans et importans ses aff. et services, comprins son retour... avec responce de sa despesche vers le dict Sr duc. » — (*Pièc. orig.*, doss. 48333, p. 2, parch.).

134. — 1582, 1er août, Saint-Fargeau. — Lettre de François de Bourbon-Montpensier « à Mr [*Charles*] *de la Noüe*, Conseiller du Roy mon Seigneur en sa Cour de parlt de Bretagne, Mo des requestes de Mr mon père », pour le prier d'assister au conseil que va tenir le duc de Montpensier. — (*Carrés*, t. 471, p. 6).

135. — 3 sept. — Lettre d'Henri, roi de Navarre, au duc de Savoie.

« Monsieur, si vous m'aimés, je vous prie vous employer pour la deslivrance des Srs de la Noüe et de Turenne, desquels je désire la liberté comme de mes propres frères... » — (Coll. Guichenon, t. XVII, n. 51).

136. — 1584, 21 juin ; 1585, 5 mai. — Procuration gén. et spéc. donnée à Valentin Goron, de Rozay en Brye, par h. et p. dame Marie de Luré, dame du Plessis aux Tournelles, femme de h. et p. s. mess. *François de la Noüe*, chev., s. dud. lieu. — (Arch. Nat., M 494, orig. parch.).

137. — 23 sept., camp de Benet. — Louis de Bourbon, duc de Montpensier, mande à *Charles de la Noüe* qu'il ait à se rendre auprès de lui pour être employé dans une charge bien honorable et digne de sa qualité. Lettre signée : « Le bien fort vostre, LOUIS DE BOURBON. » — (*Carrés*, t. 474, p. 7).

138. — 1587, — 22 janv., Paris. — « *Guillaume de la Noüe*, escuyer, sieur de la Gilleberdière, l'ung des cent gentilsh. de la maison du Roy, » confesse avoir reçu la somme de 33 écus « pour ses gaiges à cause de son dict estat. » Signé : « de la Noüe. » — (*Pièc. orig.*, doss. 48331, p. 8, parch.).

139. — 1589, 28 janv., Sedan. — Lettre de *François de la Noüe* au duc de Montpensier, sur ses négociations avec le duc de Lorraine, signée : « La Noue ». — (Arch. nat., K. 101, n° 78, orig.).

140. — 5 fév., Sedan. — Lettre du même au même, relative aux affaires du temps, signée « N. » — (*Ibid.*, n° 78³, orig.).

141. — 1 oct. — « Roolle de la monstre et reveue faicte au chastel de la Hunaudaie... du nombre de 50 hommes de guerre hacquebuziers à cheval ordonnez pour la garde du sieur de la Hunaudaie, et lieut. général pour le Roy en Bretaigne, estans soubz la charge et conduicte du sieur de Tournemine, leur cappitaine : La Noüe, Chastelier, Villemorin, La Noüe le jeune, etc. — (*Montres*, t. 74, p. 23, orig. parch.).

142. — 7 nov., Sedan. — Lettre de *François de la Noüe* au duc de Montpensier sur les opérations militaires en Lorraine ; signé « Lanoue ». — (Arch. nat., 101, K. n° 78³, orig.).

143. — 1590, 14 mars, camp de Rosny. — Lettre d'Henri IV à François de la Noüe. « Monsr de la Noue, Dieu nous a bénis. Ce jour d'huy 14e de ce présent mois la bataille s'est donnée. Il a esté bien combattu. Dieu a monstré qu'il aimoit mieux le droit que la force... » — (Bernier, *Monum.*, p. 205).

144. — 14 mai, Chelles. — Lettre d'Henri IV à la comtesse de Gramont. «... Hier je prins le faulx bourg de Paris de force... Bien est vray que Monsr de la Noue y fut blessé, mais ce ne sera rien. » — (Bibl. de l'Arsenal, orig. autogr.).

145. — 1591, 9 oct., Neuilly-le-noble, en la maison noble du Chastelier.

Transaction entre h. et p. dame Marie de Luré, veuve de h. et p. mess. *François de la Noue*, ch^{er} de l'ordre du Roi, cons. en son conseil privé et d'Etat et cap^e de 50 h. d'armes de ses ordonn., — et hauts et puissans *Odet de la Noüe, Théophile et Anne de la Noüe*, enf. et hér. sous bénéf. d'inv. dud. feu s^r de la Noüe... Ils s'obligent de la décharger de toutes les dettes auxquelles le d. s^r de la Noüe s'étoit obligé et de luy payer la s. de 20 000 escus, et de luy laisser sa chambre de deuil, son coche, charette et chevaux, etc. — René Bon, notaire de la Haie en Touraine. — (*Carrés*, t. 471, p. 155).

146. — 5 nov., Noyon. — Henri IV, « ayant esgard aux bons et agréables services que luy a fait et continue de faire le s^r de la Noue, cons. en sa court de parl. de Bretagne, et suivant la requeste que Mr de Montpensier a fait à S. M. », lui fait « don du premier offiçe qui viendra à vaquer de cons. et maistre des requestes ord. de son hostel, sans payer finance. » — (*Ibid.*, p. 9).

147. — 1592, 25 nov., Rennes. — Lettre du duc de Montpensier, à Charles de la Noüe, signée « Vostre meilleur ami, HENRI DE BOURBON. » — (*Ibid.* p. 10).

148. — 1593, 1 nov. — « *Odet de la Noüe*, gouvr et commt pour le Roy au fort de Marne et Gournay, et capitaine d'une comp. de 50 h. de guerre à cheval armés de toutes pièces estans en garnison aud. fort, » — donne quitt. de ses gages et de ceux de sa compagnie. — *Signé*: « Lanoue ». — *Pièc. orig.*, doss. 48 333, p. 3).

149. — 1594, 5 janv., Meaux. — Lettre d'Henri IV au duc de Nevers, pour l'informer que le sr (Odet) de la Noue a défait trois régiments du duc de Mayenne. — (Fontanieu, 423-425).

150. — 6 avril, Paris. — Brevet de 2500 écus de pension ann. accordée par Henri IV au sieur (Odet) de la Noüe, en récompense de ses bons, recommandables et signalés services. — (*Pièc. orig.*, 48 331, p. 16, parch.).

151. — 8 mai. — « *Odet de la Noue*, gentilhomme ord. de la ch. du Roy et comm^t d'une comp. de chevau-légers. » — Quitt. de gages, signée « Lanoue ». — (*Ibid.*, doss. 48333, p. 4, parch.).

152. — 12 nov., St Germ.-en-Laye. — Le duc de Montpensier donne commission à son cher et bien amé mess. *Charles de la Noüe*, cons. du Roi en sa cour de parl. de Bretagne, de faire vendre des arbres verts de sa forêt de Brosse. — (*Carrés*, t. 471, p. 11).

153. — 1596, 13 janv., Folembray. — Lettre d'Henri IV aux Estats des provinces unies des Pays-Bas.

«... Je vous prie pourvoir à la continuation de la solde des deux régimens de gens de guerre françois que vous m'avés voulu payer jusques icy, dont j'ay donné la charge au Sr *de la Noue*, car j'en ay plus grand besoin que jamais...» — (Berger de Xivrey, IV, 486).

154. — 3 juill., Chavagnes. — Foi et homm. pour le fief de Mygalland, rendus par P. Pidoux, escuyer, à « dame Marg. de Lannoy, espouze et procuratrice générale de h. et p. mess. *Odet de la Noüe*, s. dud. lieu, le Chastellier, Monstreuil-Bonnin et Chavannes, chev. de l'ordre du Roy, gentilh. ord. de sa chambre, cons^{er} de S. M. en ses conseilz d'Estat et privé, cappitaine de 50 h. d'armes de ses ord^{es}. » — (Arch. nat., M. 494, cote 4, orig. parch.).

155. — 1597, 8 août, Paris. — Henri IV fait don de 800 escus d'or sol à *Charles de la Noüe*, son cons. en sa cour de parl. de Bret., « pour le rembours^t de plusieurs frais qu'il avoit faits pour son service en divers voyages et emplois, tant dans ses armées de Normandie que dans le voyage qu'il avoit fait en Lorraine pour joindre et luy amener les forces d'Allemagne que S. M. avoit appelées à son service. » — (*Carrés*, t. 471, p. 12, 13).

156. — 27 déc., St-Germ.-en-Laye. — Lettres d'honneur de cons. au parl. de Bretagne, accordées par Henri IV à *Charles de la Noüe*, « en considération des bons et agréables services qu'il avoit faits aux feux rois Charles IX et Henri III et à sa dite Majesté tant aud. office de conseiller, qu'il avoit exercé depuis 22 ans, que de m° des requestes du feu duc d'Anjou, frère de S. M. » Nonobstant la résignation qu'il a faite de son dit office en faveur de messire *Guillaume de la Noüe*, son fils, il aura séance et voix délib. en lad. cour de parlement. — (*Pièc. orig.*, doss. 48333, p. 55).

157. — 1604. 14 janv., Nantes. — Articles accordés sur le traité de mariage d'entre Noble homme *Guillaume de la Noüe*, cons. du Roy en sa cour de parl. de Bretagne, fils aîné hér. principal et noble d'Escuyer *Charles de la Noüe*, aussy cons. hon^re enlad. court, et de damoiselle Marie de la Barre, ses père et mère, s. et dame dud. lieu de la Noüe le Brizay, — et damoiselle Anne Cornulier, fille de déf. Pierre Cornulier, escuyer, s. de la Touche, cons^er du Roy, trés. de France et général de ses fin. en Bret., et de d^lle Claude de Comaille. — (*Carrés*, t. 471, p. 16).

158. — 24 nov. — Mess. *Théofille de la Noue*, chevalier, s. de Telligny et de la Roche Bernard, et dame Anne Hatte, son espouze, vendent une rente de cent livres à Marie de Mareau, veuve d'Euverte Hatte, escuyer, s. de Noysement. — (Arch. nat., M 494, cop. coll. 8 mai 1612).

159. — 1605, 9 juill., Nantes. — Acte judiciel d'adjudic. de la terre du Plessis de Ver, à Noble Monsieur Maître *Guillaume de la Noüe*, cons^er en la cour, et d^lle Anne Cornullier, son épouse, sieur et dame de la Noüe, moyennant la s. de 27800 l. — (*Carrés*, t. 471, p. 19).

160. — 28 juill. — Lettres d'Henri IV, faisant don à *Guillaume de la Noüe*, en consid. de ses bons

et fidèles services, des droits et devoirs qu'il doit à
S. M. pour raison de l'acquis. de la terre du Plessis
de Ver, relevant de sad. Majesté. — Vérif. en la
chambre des comptes de Bret., le 9 déc. 1605. —
(*Ibid.*, p. 21).

161. — 1606, 21 janv. — Arrêt du conseil pour
Mess. *Odet de la Noüe*, chev. de l'ordre du Roi, s. de
la Noüe et de Montreuil-Bonnin, hér. p. b. d'inv. de
déf. mess. *François de la Noüe*, son père, et de
dame Anne de Vernon, viv. dame de Brou et dud.
Montreuil, par représ. de dame Marg. de Théligny,
sa mère, contre les manants et hab. de la par. de
Vouillé en Poitou. — (*Pièc. orig.*, doss. 48333, p. 5).

162. — 31 déc. — *Odet de la Noüe*, gentilh. ord.
de la ch. du Roi, donne quitt. de ses gages ; signé :
« Odet delanoüe ». — *Ibid.*, p. 9. parch.).

163. — V. 1607. — *François de la Noue*, né a
Chinon, prêtre, puis moine à l'abb. de la Chaulme,
près Machecoul, devient prieur de Saint-Nazaire-
sur-Loire. — (*Insin. ecclés. de Nantes*, cote 21, f.
66).

164. — 1608, 5 juill., Paris. — Arrêt du Parl.
pour mess. *Odet de la Noue*, cher, s. du d. lieu, contre les prieurs, chan. et chap. de Ste Radegonde de

Poitiers, seigneurs de Rouillé, et autres défendeurs.
— (*Pièc. orig.*, doss. 48331, p. 10).

165. — 1609, 20 mars, Rennes. — Bapt., à St
Jean, d'*Henri*, fils de mess. *Guillaume de la Noue*, s.
de Vair, cons. au parl. de Bret., et de dame Anne de
Cornulier. — (*Reg. paroiss.*).

166. — V. 1611. — Aveu rendu au Roi, à cause
de sa tour de Maubergeon, par *Odet de la Noue*,
ch^er, pour sa châtell. de Montreuil-Bonnin. — (Arch.
de la Vienne, G. 334).

167. — 1611, 28 juill., Rennes. — Bapt., à St
Jean, d'*Hélène*, fille de mess. *Guillaume de la Noue*,
s. de Vair, etc., et d'Anne de Cornulier. — (*Reg.
paroiss.*).

168. — 1612, 19 fév. — Décès de *Charles de la
Noüe*. — (Mentionné dans l'acte de liquid. du 12
juill. 1638 ; voy. ci-après, n° 190).

169. — 28 mars ; 1613, 26 mai. — Mess. *Theo-
phille de la Noue*, ch^er, s. de Telligny et de la Roche-
bernard, constitue Jacq. Regonnyer, secrétaire de
feu Mme la duchesse de Bar, son proc. gén. et spéc.
à l'effet de recevoir des rentes à lui transportées par
d^lle Marie de Mareau, v^e d'Euverte Hatte, escuyer,

9

s. du Noysement. — (Archiv. Nat., M 494, cop. coll.
4 mai 1612).

170. — 1613, 5 mars, Rennes. — Bapt., à S¹
Jean, de *François*, fils de mess. *Guillaume de la Noue*,
s. de Vair, etc., et d'Anne de Cornulier. — (*Reg.
paroiss.*).

171. — 27 août, Nantes. — Nobles personnes
messire *Guillaume de la Noue*, cons⁰ʳ du Roi en sa
cour de parl. de Bret., et dᵉ Anne Cornulier, sa
compagne, s. et dame dud. lieu de la Noüe, déclarent à Claude Cornulier, aîné, se contenter de la s
de 36,080 l. qu'ils ont reçue en mariage pour tout
partage dans les successions de déf. nobles P. Cornulier et Claude de Comaille, sa compagne, et de
dᵉ Marie de Cornulier, compagne de messire Jacques
de Launay, cons⁰ʳ d'Etat, prés¹ au parl. de Bret., et
autres ci-devant échues. — Carté et Remfort, not.
royaux à Nantes. — (Lainé, p. 100).

172. — 31 déc. — *Odet de la Noüe*, ch⁰ʳ, s. dud.
lieu, donne aux trés. du Roi quitt. de la sᵉ de 9000
l., « à moy ordonnée pour mon payement ». Signé
« Odet delanoüe ». — (*Pièc. orig.*, doss. 48333, p.
12, parch.).

173. — 1615, 5 juill., Rennes. — Bapt., à S¹ Jean,

de *Léonarde*, fille de mess. *Guillaume de la Noue*, s. de Vair, et d'Anne de Cornulier. — (*Reg. paroiss.*).

174. — 7 déc. — *Odet de la Noue*, ch^er, s. dud. lieu, donne aux trés. du Roi quitt. de la s^e de 1750 l., « pour le quartier de juillet, aoust et sept. de la pension de sept mil livres qu'il plaist au Roy nous donner. » — Signé : « Odet delanouë. » — (*Pièc. orig.*, *ibid.*, p. 13, parch.).

175. — 1616, 8 oct., Rennes. — Constit. de 600 l. tourn. de rente, faite par Fr. de Cossé, comte de Brissac, au profit de Noble homme mess. *Guillaume de la Noue*, s. du Plessis de Ver, cons. du Roy en sa cour de parl. de Rennes. — J. le Febvre et Fr. Cheneau, not. royaux. — (*Carrés*, t. 471, p. 22, orig. parch.).

176. — 21 nov., Rennes. — Constit. de 150 l. tourn. de rente, faite par Ch. de Cossé, comte de Brissac, m^al de France, lieut. gén. pour le Roy en Bret., au profit de Monsieur Maistre *Guillaume de la Noue*, s. de la Noue, du Plessix de Vern, etc., cons. du Roy en sa cour de parl. de Bret. « Fait... aud. Rennes au logis et demeurance dudict *sieur de la Noe* près la rue des Presses... » — Benoist et Mallet, not. royaux. — (*Ibid.*, p. 23, orig. parch.).

177. — 30 déc., Rennes. — Bapt., à St Jean, de *Guillaume*, fils de mess. *Guillaume de la Noue*, s. de Vair, et d'Anne de Cornulier. — (*Reg. paroiss.*).

178. — 1618, 6 mai, Rennes. — Bapt., à St Etienne, de *Claude*, fils des mêmes. — (*Ibid.*).

179. — 1619, 16 nov., Rennes. — Bapt., à St Etienne, de *Guillaume*, fils des mêmes. — (*Ibid.*).

180. — 1623, 10 avril, Paris. — Procur. donnée par *Claude de la Noue*, s. de la Noue, Montreuil, etc., à Timothée Jouan, s^r du Rozier, son mandataire auprès du comte de Mansfeld. Signé : « Claude de La Noue ». — (Catal, n° 50 de la librairie A. Voisin, déc. 1884, n° 4702).

181. — 1625, 31 juillet. — Vente de la terre de Crenolles à mess. *Guillaume de la Noue*, par Ch. de Cossé, marquis d'Acigné, et Hél. de Beaumanoir, sa femme, pour la s^e de 16000 livres. — (Visé dans un acte de 1687. — *Carrés*, t. 471, p. 48).

182. — 12 août, Paris. — Transaction entre h. et p. dame Rachel de Cochefilet, espouze de très h. et p. s. mess. Maximilien de Béthune, duc de Sully, pair, grand-maistre de l'artillerye et grand-voyer de France, tant en son propre et privé nom que comme procuratrice dud. s. son espoux, — et h. et p. dame

Marie de la Noue, espouze de h. et p. s. mess. Pons de Lauzières de Thémines, marquis dud. lieu, seig. baron de Gourdon et a. l., ch⁰ʳ des Ordres du Roy, mᵃˡ de France, lieut. gén. pour S. M. au Gouvᵗ de Guyenne. — (Arch. de la L.-Inf., E. 623).

183. — 1626, 13-15 déc. — Procès-verbal d'appos. de scellés « contre les portes, coffres, armoires et fenestres » du domicile de feu Marie de la Barre, vᵒ de déf. Mʳ Mᵉ *Charles de la Noue*, cons. du Roi en sa cour de parl. de Rennes, aux lieux seigneuriaux de la Noüe et de Nazelles, par P. Coyrard, not. royal à Chinon. — (*Carrés*, t. 471, p. 25, orig. pap.).

184. — 1632, 15 juill., La Muce. — Contr. de mar. de h. et p. s. Samuel d'Appelvoisin, ch⁰ʳ, vicomte de Tercé, etc., et illustre dˡˡᵉ Elizabeth de Pierre-Bufflères, fille de déf. très p. s. mess. Louis de Pierre-Bufflères, baron de Chambrette, etc., gentilh. ord. de la ch. du Roi et gouvʳ pour S. M. de Figeac, Cadenac et Cardaillac, et de très haute et très puiss. dame *Marie de la Noue*, veuve en seconde nopce de très h. et très p. s. mess. Paul de Lozières, marquis de Thémines, mᵃˡ de France, gouvʳ et lieut. gᵃˡ pour le Roi de ce pays et duché de Bretagne. En prés. de haute et puiss. dame *Anne de la Noue*, dame et baronne de la Muce, tante maternelle de lad. future épouse, etc. — F. Baudoin, J. Tripon, not. ; insinué au présidial de Rennes le 5 nov. 1632. — (Arch. de la L.-Inf., E. 623, cop. coll.).

185. — 9 sept., manoir de la Villenorme en Plemy. — Contr. de mar. de mess. *Henri de la Noue*, s. de Cresnolle, fils second de mess. *Guillaume de la Noue*, s. dud. lieu. de Vert, Cresnolle, etc., cons. du Roi en son parl. de Bret., — avec damoiselle Anne le Mettaier, fille unique de mess. Fr. le Mettaier, s. de la Villenorme, Bogard, S. Ermel, etc., et de déf. dame Anne du Groesquel, sa 1re femme. En faveur dud. mariage, led. seigneur de la Noue promet de laisser aud. seig. de Cresnolles, son fils, l'état et office de cons^{er} au parl. de Bretagne, qui étoit au feu s^r de St Gonart, et délaisse auxd. futurs la jouissance de la terre et seign. de Cresnolles. — P. Durand et L. Chautar, not. roy. héréd. en la ville de Moncontour. — En présence de d^o Anne Cornulliere, femme et compagne dud. seign. de la Noüe, de mess. Jean de St Pern et de d^e *Hélène de la Noue*, sa compagne, etc. — (*Carrés*, p. 92, expéd. pap. 1658).

186. — 1634, 13 nov., Anetz. — Bapt. d'*Anne*, fille d'*Henri de la Noue* et d'Anne le Metayer, s^r et dame de Crenolles et Bogard. Parrain, *Charles de la*

Noue, s. du Plessis de Vair ; marr., Anne de Cornulier. — (*Reg. paroiss.*).

187. — 1635, 6 janv., Anetz. — Bapt. de François, fils des mêmes. Parrain, Fr. le Métayer, s. de Villenorme ; marr., *Hélène de la Noue*, dame de Saint-Pern. — (*Ibid.*).

188. — 9 août, Ancenis. — Bapt. de Charlotte Viau. Parrain, *Charles de la Noüe*, écuyer, s. de Vair ; marr., Anne le Métayer, femme d'*Henry de la Noüe*, écuyer, s. de Crenolle. — (*Ibid.*).

189. — 1636, 21 sept., Ancenis. — Bapt. d'Henri de la Roche. Parrain, *Henri de la Noüe*, écuyer ; marr., Marie de Sesmaisons, femme de Gilles Prezeau de l'Oiselinière. —(*Ibid.*).

190. — 1638, 12 juill. — Liquidation faite, devant les commissaires députés en exéc. de l'arrêt rendu par le parl. de Rouen, le 1er mai 1628, sur procès entre Me Pierre Odespaing, sr de la Meschinière, avocat en parl. à Paris, et dlle *Renée de la Noüe*, sa femme, d'une part, et Me *Guillaume de la Noüe*, frère de lad. dlle, cons. au parl. de Rennes, et dlle Marie de la Barre, ve de feu Me *Charles de la Noüe*, aussi cons. aud. parl., d'autre part... Le 4e article des demandes de lad. Renée monte à 18000 l.

dont led. Guillaume devoit faire rapport comme re-
prés. le droit de la d^{lle} de Lyré, 2° fille des feus s^r
et d^{lle} de la Noüe, père et mère des parties. Led.
Renée réclame aussi les arrér. d'une rente dont led.
feu s^r de la Noüe père avoit employé le principal
pour partie du mariage et deniers dotaux de la d^{lle}
de Lyré. — (*Carrés*, t. 471, p. 94).

191. — 24 juill., camp de Miraumont. — Rôle
de la montre et revue de 36 hommes de guerre à
cheval armés de toutes pièces à la légère d'une
comp. du régiment Colonel sous la charge et cond.
du s^r *Claude de la Noüe,* capitaine. — (*Montres,* ms.
fr. 25854, p. 934).

192. — 1639, 22 avril., île de Ré. — *François de
la Noüe,* Fr. Courtin, L. de Soye, Urbain de Méré,
etc., hommes de guerre en garn. au fort de la Prée,
isle de Rhé, sous la charge de Mgr le Cardinal duc
de Richelieu, gouv. de lad. isle et capitaine de lad.
compagnie. — (*Montres,* ms. fr. 25855, p. 969).

193. — 20 juill., Anetz. — Bapt. de *Pierre,* fils
d'*Henri de la Noüe* et d'Anne le Metayer, s. et dame
de Crenolles, etc. Parrain, P. de Kermeno, ch^{er}, s.
de Lauvergnac ; marr., Renée de Ouebu, dame du
Glaosquer. — (*Rey. Paroiss.*).

194. — 1641, 9-10 fév., chât. de Vair. — Testament de Guillaume de la Noüe.

In nomine Domini amen. Messire Guillaume de la Notte, chevalier, s. de Ver, cons. du Roy et son doyen au parl. de cette prov. de Bretaigne, gisant au lict malade en son chasteau de Ver, par. d'Asnetz, sain toutes fois d'esprit et d'entend[t], a faict son test[t] en la forme qui ensuit... Veult sond. corps estre enterré en l'église d'Asnetz et en la chap. qu'il y a... Pour exécuteur... a nommé dame Anne Cornullier, sa compaingne, et la supplye en prandre la peine... Et landemain 10e dud. mois de feubvrier dict an 1641,... veult que pour sa descharge de ce qu'il a promis à Messire *Hanry de la Noüe*, son fils, par son contr. de mar., lad. dame de Cornullier sa compaingne luy baille son office et charge de cons. au parl. de Bret. pour la s[e] de 62,000 l. seulement... Et commande aussy à Messire *Charles de la Noüe*, s. de Ver, son fils aisné, avoir agréables les presantes... — Jousber, Lebeau, not. roy. — (*Carrés*, t. 471, p. 96).

195. — 10 fév., Anetz. — Décès de *Guillaume de la Noüe*, s. du Plessis de Vair, cons[er] au parl. de Bret., époux d'Anne de Cornulier. — *Reg. Paroiss.*).

196. — 2 mars. — Transaction., en exéc. du

9*

test. de feu *Guillaume de la Noüe,* leur père, entre *Charles de la Noüe,* hér. princ. et noble dud. Guillaume, et *Henri de la Noüe,* son frère puiné. Cet acte, qui justifie le partage noble desd. frères, reçu par Joubert et le Beau, not. — (Preuves de Malte pour P. de la Noüe en 1662. — Voy. ci-après, n° 217).

197. — V. 1643. — Aveu rendu au Roi, à cause de sa tour de Maubergeon, par *Claude de la Noüe,* ch[er], pour sa châtell. de Montreuil-Bonnin. — (Arch. de la Vienne, G. 334).

198. — Hommage rendu à *Claude de la Noüe,* s. de Montreuil-Bonnin, par Marie Dubois, veuve de Claude Tudert, pour les fiefs de Beruges et de la Bourdillièr. — (*Ibid.,* E. 121).

199. — 1643, 15 fév., Paris. — Contr. de mar. de mess. *Charles de la Noue,* cons. à la Cour des Aydes de Paris, fils aîné de déf. Mess. *Guillaume de la Noue,* cons. au parl. de Bret., et de d° Anne de Cornulier, avec d[lle] Elisabeth de Moussy. — Bruno, Jergeon, not. — (Lainé, 2° suppl., p. 32. — Doss. bleu 5753, p. 17).

200. — 21 mai. — Tutelle des enfants de feu Henri de la Noüe. — Sentence rendue par le sénéchal

de Moncontour, par laquelle, — sur la représenta-
tion faite par d° Anne le Metayer, dame douairière
de déf. Mess. *Henri de la Noue*, s. dud. lieu, cons.
du Roy, duquel elle a dit avoir cinq enfants, l'aîné
appelé *François*, âgé d'env. 8 ans, le 2°, *Guillaume*,
âgé de 6 ans, la 3°, *Anne*, âgée de 9 ans, la 4° *Judith*,
âgée de 7 ans, et la 5°, qui étoit une fille non encore
nommée, étoit en nourrice ; déclarant, outre, lad.
dame estre enceinte env. de 7 mois ; et de l'avis de
d° Anne Cornulier, veuve de mess. *Guillaume de la
Noue*, doyen des conseillers du parl. dud. pays,
ayeulle pat. desd. mineurs ; mess. *Charles de la Noue*,
cons. du Roy en la cour des Aydes à Paris, s. de
Vert, frère du père des mineurs ; mess. Jean de
St Pern, chor, s. du Lattey et de St Jan, oncle pat. ;
mess. P. Cornulier, s. de la Haye, Chasteau Fro-
mont, etc., prés. au parl. dud. pays ; mess. Ch. le
Champion, s. et baron de Cicé, cons. du Roy au
parl. dud. pays, parents au tiers degré ; mess. Fr.
le Metayer, s. de la Villenorme, St Ermel, Bogar,
etc., ayeul mat. ; d° Claude le Metayer, dame
douair. de Quilhert, tante mat. de la mère desd. mineurs ; mess. Touss. du Fay, s. de Quilhert, cousin
germain de la d. mère ; écuyer P. le Champion,
s. de Bellevette, mari de dlle Hél. le Metayer, tante
de lad. mère ; mess. P. le Mintier, s. des Granges,

mary de d⁰ Marg. Berthelot, cous. germaine de l'ayeulle mat. desd. mineurs, — lad. dame veuve est instituée tutrice, etc. — (*Carrés*, t. 471, p. 98).

201. — 16 août, Rennes. — Bapt., à S⁺ Sauveur, de *Pierre*, fils de mess. *Henri de la Noue*, cons. au parl. de Bret. et de d⁰ Anne le Métayer. Parrain, mess. P. Cornullier, ch⁰ʳ, s. de la Haie, cons. et prés. au parl. de Bret. ; marr., d⁰ Judith Thévin, d⁰ de Siré. — (Preuves de Malte pour P. de la Noüe en 1662. — Voy. ci-après, n° 217).

202. — 3 nov., château de Vair. — Prisage de la terre et seign. de Vairt fait à la req. de mess. *Charles de la Noüe*, seign. dud. Vairt, Nazelle, etc., cons. du Roy en sa Cour des Aydes à Paris, fils aîné hér. princ. et noble de déf. Monsieur Maistre *Guillaume de la Noüe*, viv. s. dud. Vairt, cons. du Roy en son parl. de Bret. et démissionnaire de d⁰ Anne Cornullier, sa mère, et en conséq. du traité fait le 24⁰ d'oct. aud. an 1643 entre led. s. de Vairt, d'une part, et mess. Jean Maudet et dame *Eléonore de la Noue*, sa femme, s. et dame de la Fouchays, lad. de la Noue sœur dud. seign. de Vairt. — (*Carrés*, p. 28).

203. — 1644, 12 s⁰ pt. — Permission de faire

saisir le duc et le comte de Brissac, débiteurs de deux rentes par eux constit. au profit de feu *Guillaume de la Noue,* doyen des cons. du parl. de Rennes, — donnée par les Requêtes du Palais à *Charles de la Noue,* s. de Ver et Nazelles, cons. en la Cour des Aides, fils dud. Guillaume. — (*Ibid.,* p. 29).

204. — 28 déc., Rennes. — Partage donné par mess. *Charles de la Noue,* s. de Ver, cons. en la cour des Aydes à Paris, hér. princ. et noble de déf. mess. *Guillaume de la Noue,* s. dud. lieu de Vern, cons. du Roy en sa cour de parl. de Bret. et démᵣᵉ de dᵉ Anne Cornullier, dame douairière de la Noue, ses père et mère, — à dᵉ *Eléonore de la Noue,* dame de la Fouchays, sœur puisnée dud. seign. de Vern, du consent. de mess. Jean Maudet, s. de la Fouchays en Tilly, evesché de S. Mallo. « Et reconnu led. partage devoir estre fait noblement et avantageusement comme personnes nobles et de gouvernement noble de tout temps immémorial ». — Goyré, Berthelot, not. royaux. — (*Ibid.,* p. 30).

205. — 1646, 15 fév., Paris. — Contr. de mar. de Mʳ Mᵉ *Charles de la Noüe,* écuyer, s. de Ver et Nazelles, cons. du Roy en sa cour de parl. à Paris, fils de déf. Mʳ Mᵉ *Guillaume de la Noüe,* écuyer, sʳ desd. lieux, doyen de Mess. les cons. de la cour de parl.

de Rennes, et de d° Anne Cornulier, sa veuve, — avec d^lle Elizabeth de Moucy, fille de mess. Jacq. de Moucy, cons. du Roy en ses conseils, proc. gén. au bureau des fin. de la gén. de Paris, et de déf. d° Elizabeth Plastrier ; en faveur duquel mar. lad. d° Anne Cornullier, mère dud. futur, le déclare son fils aîné, noble et princ. héritier, et luy donne tous les droits à elle appartenans ès terres de Vert, près Ancenis, et de Nazelles, près Chinon, et génér^t tous ses biens sous la réserve de 2000 l. de rente. — Jergeon, Bruneau, not. royaux. — (*Ibid.*, p. 26).

206. — 1647, 13 janvier, Paris. — Bapt. d'*Anne*, née le 11, fille de Mr Me *Charles de La Noue*, Cons. en la cour des Aydes de Paris, et Cons^er d'Etat, de la Reyne et de S. A. R., baron de Vert, s. de Nazelles, etc., et de dame Elisabeth de Moussy. Parrain, Ysaac Plastrier, escuyer, s. de Poissy et de Rosny, grand maître des eaux et forêts du duché d'Orléans. — (Reg. de S. Jean en Grève, p. 431).

207. — 1648. 8 nov. — « [*Claude*] *de la Noue* fut créé maréchal de camp par brevet du 8 nov. 1648, pour servir en Italie sous le prince Thomas [de Savoie] pendant l'hiver. Confirmé dans cette charge par un nouveau brevet du 12 mai 1650, il servit en Guyenne sous le M^al de la Meilleraye. Il

y leva, par comm. du 5 sept. suivant, un régiment
d'inf. de son nom, qu'on licencia en 1651. » —
(Pinard, VII, 233).

208. — 1651, 19 sept. — Vente des seigneuries d'Anetz et de Savenières faite par Claude de
Sesmaisons, escuyer, à Mess. *Charles de la Noüe*,
cons. du Roy, s. du Plessis de Vair, et Isabelle de
Moussy, sa compagne, moy¹ la s⁰ de 12800 l. que
s'oblige à payer solid¹ avec eux d⁰ Anne de Cornulier, dame douairière la Noüe et de Vair ; lad.
vente comprenant tous droits de prééminences, en-
feus et bancs prohibitifs, lizières de ceinture funè-
bre en l'égl. d'Anetz, et droit de quintaine, dixmes,
esperonnages, épaves et gallois. — (Arch. de la L.-
Inf., E. 267).

209. — 1653, juillet, Paris. — Lettres pat. en
forme de charte données par le Roi à Paris, au
mois de juillet de l'an 1653, par lesquelles S. M.
érige la baronnie de Vert en titre, dignité et préém.
de comté, sous le nom du Plessis de Vert, à la req^te
de *Charles de la Noue*, ci-devant cons. du Roy en
sa Cour des Aides à Paris, et en consid. des recommandables et signalés services rendus aux Rois prédécesseurs de S. M. par *Charles de la Noue*, en
qualité de leur Cons. en la cour de parl. de Bret.,

de chancelier de M^r le Duc d'Anjou, frère de Henri III, et de Maître des req^{tes} ord. de l'hotel du Roi, et depuis par *Guillaume de la Noue*, son fils, doyen des Con^{ers} au même parl. de Bret., sous le règne du feu Roi, père de S. M., et depuis en qualité d'intendant de la Reine Marie de Médicis, son ayeule, comme aussi en consid. de la grande étendue de la dite baronnie, de laquelle relevoient plusieurs fiefs et châtellenies, et entre autres celle du Plessis lès Vert, avec haute, moy. et basse justice, et celles de Chastanet, de Thrimolai, d'Annet, de Beauvais, de l'Isle, de Fleuri, et autres, jusqu'au nombre de 16, composans un revenu de 10,000 l. t. de rente, se joignans les unes les autres et relevans imméd^t du Roi à cause de son comté de Nantes, pour tenir par led. Sr de la Noüe led. comté du Plessis de Vert mouvant en plein fief et en une seule foi et hommage de S. M. à cause de son dit comté de Nantes. Ces lettres signées Louis, sur le repli, Par le Roy, Phelypeaux, visa Molé, et scellées du grand sceau en cire verte sur lacs de soye. Et sont produites par copie coll. le 18 nov. 1656 par le Fouin, no^{re} au Ch^{let} de Paris.

En marge est écrit par d'Hozier : (Vu une copie coll. en 1763 par le S^r D'Acosta, Ecuyer, Cons. secr. du Roy, sur l'orig. reprès. et retiré par Mr Cornulier).

Suivant une notte attachée à cette copie, Claude le Cornulier, prés. à mortier au Parl. de Bret., acquit la terre de Vair par contract passé devant Lelon l'aîné, not. à Nantes, le 2 Xbre 1764. — (*Carrés*, t. 471, *titres de la Noüe*, analyse d'après copie sur parch. coll. à l'orig.).

210. — 1654, 29 mai, Anetz. — Bénéd. de la grosse cloche d'Anetz. Parrain, Ecuyer *Jacques de la Noue*, fils aîné de *Charles de la Noue*, Cons. du Roy en ses conseils, comte de Vair. Marr., Elisabeth de Moussy, épouse du Comte de Vair et mère du parrain. Lad. cloche fut nommée « Clément et Anne », en prés. de : P. Boré, recteur, d'Yves Thoumin et Claude Trimoreau, prêtres d'Anetz ; Jacques Roussel, Sr de la Billière ; Anne de Cornulier, veuve de *Guillaume de la Noue* ; *Charles-Armand de la Noue*, chor de S. Jean de Jérusalem ; Claude de la Forge, avocat au parl. de Paris ; Evrard Paris, fondeur, et des marguilliers de la paroisse. — (*Reg. paroiss.*).

211. — 13 juin, Paris. — Arrêt du parl. portant homolog. du contrat fait le 11 mai 1651, par lequel mess. *Charles de la Noüe*, chor, comte de Vert et s. chastelain de Nazelles, cons. du Roy en ses conseils, et de Elisabeth de Moussi, sa femme, avoient vendu à divers, leurs créanciers, deux maisons sises à Paris, rue de Bussi. — (*Carrés*, t. 471, p. 35).

212. — 1656, 11 sept., Paris. — Constit. de 200 l. de rente par mess. *Charles de la Noüe*, ch^{or}, comte du Plessis de Ver et de Nazel, etc., cons. ord. du Roy en ses conseils d'Estat et privé, et d° Elis. de Mouci, sa femme, à mess. Isaac Plastrier, s. de Poissi, cons. et M° d'hostel ord. du Roy, oncle de lad. d° de Mouci. — Gigot, de Mas, not. au Chastelet. — (*Ibid.*, p. 35).

213. — 1659,23 déc., Paris. — Sentence du Châtelet prononçant la sépar. de bien entre mess. *Charles de la Noüe*, comte de Vair, et d° Elisabeth de Moussi, sa femme. — (Visé dans la sentence du 29 nov. 1666. — Voy. ci-après, N° 225).

214. — 1661, 1 juillet. — Extr. du Pr.-verbal des preuves de la nobl. de mess. Ch. de St Pern, faites pour sa réc. dans l'ordre de Malte au gr. prieuré d'Aquitaine.

1604. — Contr. de mar. de noble *Guillaume de la Noüe*, cons. du Roy en sa cour de parl. de Bret., fils aîné hér. princ. et noble de *Charles de la Noüe*, écuyer, cons. hon. en lad. cour de parl., et de Marie de la Barre, S^r et dame de la Noüe, accordé le 14° de janv. 1604 avec d^{lle} Anne Cornullier... Ce contr. en parch. passé devant Charrine et Parayeaux, not. à Nantes.

1570. — Contr. de mar. en parch. de noble et puissant *Charles de la Noüe*, avocat du Roy au baill. de Touraine, fils et hér. princ. et noble de noble et puiss. *Guillaume de la Noüe* et de Fr^so Joli, sa femme, vivants s. et dame de la Noüe, etc., accordé le 15e de janv. 1570 avec d^lle Marie de la Barre, fille de mess. J. de la Barre, écuyer, cons. du Roy et lieut. gén. de Touraine à Chinon, et de Claude Boutin, sa femme, s. et dame de la Beausseraye et de Lestang. Ce contr. fait noblement et passé devant Lorichal et Brizouel, not. — Led. Guill. de la Noüe n'avoit point fait de partage, attendu que son frère puisné étoit ecclésiastique et n'avoit qu'une pension viagère.

1560. — Partage noble en parch. fait le 3e de mars entre nobles personnes *Charles de la Noüe*, écuyer, s. de la Noüe, Grigné le Brizay et le Vaulbreton, fils aîné hér. princ. et noble de noble *Guillaume de la Noüe*, écuyer, et de d^lle Fr^so Joli, sa femme, viv. s. et dame desd. lieux, — et nobles p. *Guillaume de la Noüe*, s. de la Gilberdière, et mess. *René de la Noüe*, chanoine de Chinon, ses frères germains. Cet acte reçu par Pousieur et Juhel, not. à Chinon.

1437. — Aveu donné au Roy en sa cour des comptes à Nantes, le 1ᵉʳ de déc., par noble *Guillaume de la Noüe*, écuyer, père de *Charles de la Noüe*, s. de la Noüe, cons. du Roy et lieut. gén. de Touraine à Chinon. Cet act en parch. signé Baldain et scellé, avec sa public. dans la cour de Rennes, du 15ᵉ desd. mois et an, signée J. Hardi..... — (*Carrés*, t. 471, p. 36).

215. — 1662, 8 janv., Anetz. — Bapt. de *Joseph*, fils de *Charles de la Noüe*, comte du Plessis de Vair, et d'Elisabeth de Moussy. Parrain, François Henry, du pays du Maine ; marr., Laurence Bouchereau, tous deux pauvres mendiants ; «... et les prins et requis par humilité et dévotion des père et mère. Et le dit Joseph, âgé de dix ans ou environ, qui lui mesme a désiré ce nom de Joseph et répondu aux solempnités de son baptesme, duquel l'inondation a été seulement faite sous condition, attendu qu'on n'a pu certifier s'il avoit été inondé. » — (*Reg. paroiss.*).

216. — 1ᵉʳ mai, Poitiers. — Extrait des reg. capitulaires du Grand Prieuré d'Aquitaine : «Du 1ᵉʳ may 1662. Président illustre : M. Fᵉ *Pierre-Foucrand de la Voüe*, grand-prieur. S'est levé M. le commʳ de la Panne, lequel a demandé un renouvellᵗ

de commission pour faire les preuves de noble *Pierre*, fils de Mess. *Henri de la Noüe*, cons. au parl. de Bretagne, et de d° Anne le Mettayer, ce qui luy a été accordé. » — (*Carrés*, p. 100).

217. — 5 juin. — Procès-verbal des preuves de la nobl. de *Pierre de la Noüe*, écuyer, présenté et stipulé par haut et puissant mess. *Guillaume de la Noüe*, son frère aîné, écuyer, s. de Crenolle, etc., faites afin d'être reçu Chevalier de l'Ordre de S. Jean de Jérusalem, dit de Malte, au gr. prieuré d'Aquitaine, par frère Ant. Toumasset de la Boislinière, etc. ; ce pr.-v. reçu par M° Guill. le Mée, notaire, dans lequel les témoins déposans sont : 1° h. et p. s. mess. J. de Kermeno, ch°r, s. des Hommeaux ; 2° h. et p. s. Jos. de Septmaisons, s. de la Ménautière ; 3° h. et p. mess. Alex° Ronceau, s. de la Houssaie et du Plessis ; 4° h. et p. mess. Julien Pantin, chev., seig. de la Guerre. Et les titres produits sont : 1° Acte de bapt. dud. Pierre de la Noüe, du 16 août 1643, extr. du reg. des bapt. de la par. de S. Sauveur de Rennes, et légalisé ; 2° Contr. de mar. d'*Henri de la Noüe*, s. de Crenolle, et d'Anne le Métayer, père et mère dud. Pierre, du 9 sept. 1632 : 3° Contr. de mar. de noble *Guillaume de la Noüe*, écuyer, et d'Anne Cornulier, aïeul et aïeule

dud. Pierre, du 14 janv. 1604 ; 4° Contr. de mar.
de noble *Charles de la Noüe*, écuyer, proc. et avocat
du Roi au baill. de Touraine, et de Marie de la
Barre, du 3 janv. 1570 ; 4° Test. de *Guillaume de la
Noüe*, du 9 fév. 1641 ; 6° Transaction sur partage
noble entre *Charles* et *Henri de la Noüe*, frères, du
2 mars 1641 ; 7° Partage noble entre n. pers. *Charles de la Noüe*, écuyer, bisaïeul dud. Pierre, et ses
frères puinès, aussi écuyers, du 3 mars 1560 ; 8°
Hommage fait au Roi par noble *Guillaume de la
Noüe*, trisaïeul dud. Pierre, du 1ᵉʳ déc. 1537 ; 9°
Plusieurs commissions et autres titres justific. de la
nobl. de toutes les familles ses alliées, qui alloient
à plus de 300 ans et par lesquels il paroissoit que
les prédécesseurs du prétendant étoient sortis des
plus nobles et illustres familles de Bretagne. —
(Doss. bleu 5753, p. 40. — *Carrés*, t. 471, p. 102).

218. — 22 juill., Poitiers. — Extr. des reg. ca-
pitul. du gr. prieuré d'Aquitaine : « Du 22 juill.
1662. Président illustre : M. Fᵉ *Pierre Foucrand de
la Noüe*, gr. prieur. S'est levé M. le Commʳ de Se-
mayne, lequel a présenté les preuves de Noble *Pierre
de la Noüe*... qu'ils ont trouvées bonnes et valables...
et les ont receües. » — (*Carrés*, p. 100).

219. — 24 juill., Poitiers. — Quitt. de la sᵉ de

1425 l. tourn. donnée par le receveur du gr. prieuré d'Aquit. à *Pierre de la Noüe*, écuyer, pour son passage pour être reçu au rang de frère chevalier de l'Ordre de S. J. de Jérusalem. — Chantefin et Montenay, not. royaux. — (*Ibid.*, p. 105).

220. — 1664, 2 déc. — 1665, 9 janv. — Du 2 déc. 1664, vente des terre et seig. de Vair par *Charles de la Noüe*, seigneur comte de Vair, cons. d'Etat, et Elisabeth de Moucy, sa femme, à mess. Claude de Cornulier, cher, s. de la Haye, Châteaufremont, etc., comprenant les fiefs et jurid. de Vair, Anetz, le Chaffaut et Savenières ; au rapport de Breton et Belon, not. royaux à Nantes. — Du 9 janv. 1665, contrat judiciel, aux req. du palais de Rennes, des mêmes terres et seign., qui les adjuge à mess. Gui de Lesrat, cons. au parl. ; mais Cl. de Cornulier, en vertu de son contrat conv¹ ci-dessus, en exerça le retrait de prémesse. — (Laîné, p. 121).

221. — 1665. — Instances en paiement contre les créanciers de mess. *Charles de la Noue*, comte du Plessis de Ver. — (Arch. de la L.-Inf., G. 247).

222. — 1665, 21 août ; 1666, 25 juin. — *Claude Lanoue*, capitaine au rég. de Navarre, donne quitt. des gages de sa comp. au trés. gén. de l'extr. des guerres et cav. légère. Signé « Lanoue ». — (*Pièc. orig.*, doss. 48330, p. 2, 3, orig. parch.).

223. — 1666, 29 nov., Rennes. — Sentence des req. du Palais sur le procès entre d° Elisabeth de Moussi, femme séparée de biens de mess. *Charles de la Noue,* s^r de Vern, tant en son nom que comme mère de sept enfans de leur mariage, d'une p., et led. s^r de Vern, mess. Claude Cornullier, abbé de Blanchecouronne, mess. *Guillaume de la Noue,* s. de la Noue, cons. en la Cour, et autres parents dud. s^r de Vern, d'autre p. — Charles de la Noue est déclaré mal uzant de ses biens, et la jouiss. et disposition d'iceux lui est interdite. — (*Carrés,* t. 471, p. 37).

224. — 1668, 3 janv., Anetz. — Décès de mess. *Charles de la Noue,* lequel fut enterré dans la chapelle de Vair, contiguë à l'égl. paroiss. — (*Reg. paroiss.*).

225. — 1669, 8 janv., Rennes. — Contr. de mar. de mess. *Guillaume de la Noue,* cons. du Roy en sa cour de parl. de Bret., s. dud. lieu, Bogard, la Villenorme, Saint Armel et a. l., fils aîné, hér. princ. et noble aux successions de déf. mess. *Henri de la Noue,* aussi cons. du Roy aud. parl. de Bret., et de d° Anne le Metayer, s. et dame desd. lieux, — et d^lle Françoise Pringuel, fille et première puisnée noble d'écuyer Jacques Pringuel, cons. du Roy au siège présidial de Rennes, et de d° Françoise Ogeron, s. et dame du Tertre ; — J. Bertelot et son conf., not. roy. héréd. de la cour de Rennes. — (*Carrés*, t. 471, p. 106).

226. — 18 jan., Rennes. — Mariage, à St Sauveur, de *Guillaume de la Noue*, s. de Bogard, etc., avec Françoise Pringuel, dame du Tertre, (née vers 1674). — (*Reg. paroiss.*).

227. — 21 nov. — Requeste de *Claude de la Noue*, ch^er, s. de Montreuil-Bonnin, et de d° Magd. de St Georges, son espouze, au lieut-général à Poitiers, contre les s. et dame de Courtomer. — (*Pièc. orig.*, doss. 48333, p. 18, parch.).

228. — 1670, fév., Rennes. — Naiss. de *Claude-Françoise*, fille de *Guillaume de la Noue*, s. de Bogard, etc., et de d° Françoise Pringuel ; — bapt. à St Etienne le 17 déc. 1684. — (*Reg. paroiss.*).

228 bis. — Vers 1671, mariage de *Roberte de la Noüe* avec Adrien-Georges du Liscoët, s. de Boüer, au Maine, baron de S. Bonant, inhumé dans le chœur de l'égl. de Boüer, le 14 fév. 1709. — (P. de Courcy, *Suppl. au t. IX du P. Anselme*, p. 898).

229. — 1674, 19 juill., Rennes. — Naiss. de *Guillaume*, fils de *Guillaume de la Noue*, s. de Bogard, etc., et de Françoise Pringuel. — (*Ibid.*).

230. — 1676, 10 janv. — « Nous sieur de la Noüe de Vert, cappitaine d'une comp. de dragons du rég. de la Reine... » Quitt. de la sᵉ de 1000 l. pour la remonte de sa comp.; signée « La Noue de Vert». — (*Pièc. orig., loc. cit.*, p. 20).

231. — 10 juin. — Quitt. de gages, par *Gui de la Noue*, l'un des gardes du corps du Roy sous la charge de Mʳ de Noailles. — (*Ibid.*, p. 21, parch.).

232. — 1679, 29 déc., Paris. — Contr. de mar. de mess. *Jacques de la Noue*, chᵉʳ, comte de Vair et de Nazelles, capitaine au rég. de cav. des cuirassiers du Roy, fils de mess. *Charles de la Noue*, chᵉʳ, comte de Vair et de Nazelles, et de dᵉ Elisabeth de Moucy, deffuncts, — et damˡˡᵉ Cath. de Vieupont, fille maj. de feus mess. Henry de Vieupont, chᵉʳ, s. dud. lieu, de Sainte-Vaubourg et Saint-Yves, et de dᵉ Cath. de Vieupont ; — en prés. de mess. *Charles Armand de la Noue*, chᵉʳ, écuyer de S. A. Mᵍʳ le Prince, frère dud. seigneur comte de Vair, et de mess. Henry de Vieuxpont, capitaine d'un vaisseau du Roy, frère de lad. dˡˡᵉ de Vieuxpont. — Lange, Le Vasseur, not. royaux. — (*Carrés*, t. 471, p. 38).

233. — 1680, 16 janv., Paris. — Bapt., à S. Jacq.
du haut-pas, de *Gabriel*, né le 5, fils de mess. *Jacques de la Noue*, capit. aux cuirassiers du Roy, comte
de Vair, et de Cath. de Vieuxpont. Parrain, mess.
Charles de la Noue de Vair, écuyer de S. A. S. Mgr
le Prince ; marr., Dorothée de Vieuxpont. — (*Ibid.*,
p. 39).

234. — 29 mai, Rennes. — Accord entre d⁰
Françoise Ogeron, dame douairière du Tertre, vᵉ
de Jacq. Pringuel, écuyer, aieule et tutrice des enf.
min. de déf. mess. *Guillaume de la Noue*, chᵉʳ, s. dud.
lieu, cons. du Roy en sa cour de parl. de Bret., hér.
princ. et noble de déf. dᵉ Anne le Mettayer, sa mère,
— et mess. J. Freslon, chᵉʳ, s. de Sᵗ Aubin, veuf de
de lad. déf. Anne le Mettayer, au sujet du partage
des biens de lad. défunte, auquel est fait mention
de déf. Pierre de la Noüe, chev. de Malte, et de déf.
Anne de la Noüe, dame de la Douëtée, enfants de
lad. déf. Anne le Mettayer. — Berthelot, Bretin,
not. — (*Ibid.* p. 110).

235. — 1681, 20 déc., Rennes. — Transaction
sur partage des biens de la succ. de déf. dᵉ Anne le
Metayer, entre dᵒ Françoise Ogeron, dame douair.
du Tertre, vᵒ de Jacq. Pringuel, s. du Tertre, consᵉʳ
au présidial de Rennes, ayeule et tutrice des enf.

min. de déf. mess. *Guillaume de la Noue*, ch^{er}, s. dud. lieu, cons. au parl. de Bret., hér. princ. et noble de déf. mess. *Henri de la Noue*, s. de Crenolle, cons. en la cour, et de lad. Anne le Metayer, sa mère, d'une part, et mess. Jean Freslon, ch^{er}, s. de St Aubin, veuf de lad. Anne. — Rio, notaire. — (*Ibid.*, p. 112).

286. — 1683, 22 sept., Paris. — Arrêt du parl^t pour mess. *Charles-Armand de la Noue de Vair*, ch^{er}, fils et hér. p. b. d'inv. de déf. d^e Elisabeth de Moussy, sa mère, au jour de son décez vefve de mess. *Charles de Lanoue*, ch^{er}, comte du Vair, lad. d^e de Moucy séparée de biens d'avec led. s^r de la Noüe, son mary. — (*Pièc. orig.*, *loc. cit.*, p. 28, parch.).

237. — 1684, 4 mai, Paris. — Bapt., à St Etienne du Mont, de *René-François*, né le 30 avril, fils de *Jacques de la Noue*, écuyer, capitaine de cav., et de d^{lle} Cath. de Vieuxpont. Parrain, Ch. Fr. d'Angennes de Maintenon ; marr., d^{lle} Renée de Vieuxpont. — (*Carrés*, t. 471, p. 43).

238. — 3 août, Paris. — Inhum., dans le cim. de S. Etienne du Mont, de d^e Cath. de Vieuxpont, épouse de *Jacques de la Noue*, ch^{er}, comte de Vair, cap. au rég. royal des Cuirassiers. — (Reg. mort. de S. Et. du Mont. — *Carrés* p. 44).

239. — 12 déc., Paris. — Sentence du Châtelet, par laquelle la garde noble de *Gabriel-Charles de la Noue*, âgé de 5 ans, *Alexandre-Joseph*, âgé de 3 ans 3 mois, et *René-François de la Noue*, âgé de 7 mois, enf. mineurs de mess. *Jacques de la Noue*, ch^{er}, comte de Vair, et de feu d° Cath. de Vieuxpont, est donnée aud. s^r comte de Vair. — (*Carrés*, p. 45).

240. — 1685, 10 fév., Paris. — Sentence du Châtelet, par laquelle mess. *Jacques de la Noue*, ch^{er}, comte de Vair, cap. de cav. au rég. des cuirassiers du Roi, ayant fait comparoir ses trois enfants mineurs, savoir mess. *Charles de la Noue de Vair*, ch^{er}, écuyer de S. A. Mgr le Prince, mess. Isaac Plastrier, cons. et maître d'Hôtel du Roi, Henri-Fr. de Foix de Candalle, duc et pair de France, Henri de Vieuxpont, ch^{er}, capitaine des Vaisseaux du Roi, Philippe de Mouci, ch^{er}, s. de la Cour-Reine et en partie du Veynault, cons. du Roi et son proc. gén. au bureau des Fin. de Paris, Claude de Mouci, cons. du Roi en sa cour de Parl. de Metz, ch^{er}, et Alex°, ch^{er}, comte de Créqui, tous parens pat. et mat. desd. mineurs, led. s^r comte de Vair, leur père, est, par l'avis desd. parens, élu tuteur desd. mineurs ses enfans. — (*Ibid.* p. 46).

241. — 14 fév., Paris. — Commission obtenue en la Chancellerie par *Jaques de la Noue*, ch^{er}, sei-

10*

gneur comte de la Noüe, cap. au rég. des Cuirassiers du Roy, par laquelle, sur l'expos. par lui faite que par la mort, tant de mess. *Charles de la Noue*, cons. du Roi en sa cour des Aides, que de d° Elisab. de Moucy, ses père et mère, lui et mess. *Charles Armand de la Noue*, son puisné, étoient seuls fondés dans le droit de leur succéder, mais que par le mauvais état de ladite succ. ils avoient été obligés d'y renoncer, et que lui, exposant, pour être l'aîné d'une famille qualifiée, n'en étoit pas mieux partagé, étant dépouillé de tout et réduit à la fâcheuse condition de s'en tenir au douaire de 1800 l. que led. feu Sr de la Noüe avoit constitué par le contr. de son mariage,... et que pour en être payé il ne trouvoit qu'une terre nommée Nazelle et une rente de 300 l. à laquelle les habitans de Chinon avoient été condamnés par deux sentences rendues aux Requestes du Palais à Paris, les 28 nov. 1654 et 12 oct. 1655, desquelles lesd. habitans ayant appellé et sur led. appel fait intimer led. défunt Sr de la Noüe en la cour de parlement, il est ordonné au premier huissier sur ce requis d'assigner lesd. habitans de Chinon en la cour de parlement pour se voir comdemnés à vider leurs mains dans celles de l'exposant. — *Ibid.*, p. 47.)

242. — 30 avril. — Quitt. d'appointements, par *Jacques de la Noue de Vair*, capitaine au rég. des cuirassiers du Roi; signée « de la Noue de Vair ». — (Pièc. orig., *loc cit.*, p. 41, parch.).

243. — 1687, 19 fév., Paris. — Commission obtenue en la Chancellerie par *Charles de la Noue*, lieut. des gardes de M^r le Duc de Bourbon, hérit. bénéf. d'Elisab. de Mouci, sa mère, créancière et exerçant les droits de *Charles de la Noue*, son mary, comte de Vair, qui étoit hér. de d^e Anne Cornillier, sa mère, morte veuve de Mess. *Guillaume de la Noüe*, doyen des Cons^ers au parl. de Rennes, — à l'effet d'assigner en paiement Louis-Hercule de Francheville et Séb. de Guenyo, s. de Pontgan. — (*Ibid.*, p. 48).

244. — 1688, 5 avril, Paris. — Arrêt du parl. ordonnant que mess. *Charles Armand de la Noüe de Vair*, ch^er, écuyer de M^r le prince de Condé, sera employé, avec les autres créanciers, dans l'ordre des biens du maréchal de Cossé. — (*Ibid.*, p. 51).

245. — 31 juill., Strasbourg. — Rôle de la compagnie de Riantz du rég. Royal dragons : ... *Le s^r de la Noue*, maréchal-des-logis. — (*Montres*, ms. fr. 25890, p. 3445).

246. — 1689, 18 avril. — Quittance d'appoint. souscrite par *Jacques de la Noue de Vair*, lieut. colonel du rég. de Montreuil (Montrevel). — (*Pièc. orig.*, *loc. cit.*, p. 43, parch.).

247. — 1692. — Sommaire de l'instance pendante au conseil du Roi pour mess. *Jaques de la Noue*, ch^{or}, Comte de Vair, lieut. colonel du Rég. de cav. de Montrevel, contre mess. Ph. Dreux, cons. Roi en ses Conseils, Maître des Req. ord. de son Hôtel, René Perrin, Sr de Lannerie, et Fr. Berthe, Sr de la Salle, contenant que mess. *Charles-Armand de la Noue*, lieut. des Gardes de M. le Prince, et le Sr *Comte de Vair*, son frère, étoient en instance contre les Directeurs des créanciers de feu mess. *Charles de la Noue*, leur père, lorsque led. Sr Comte de Vair fut obligé de faire assigner led. Sr Dreux comme détempteur de la terre de Grigni afectée au douaire de la dame sa mère, à laquelle assign. led. Sr Dreux ayant comparu, l'instance étoit en état d'être jugée définitivement lorsque d^e Geneviève Bouvard, veuve du Sr Ribier, cons. au Parl., fit signifier à l'un et à l'autre sa cédule évocatoire, etc. Ce factum au rapport de M. Ferrand. — (*Carrés*, t. 471, p. 52, imprimé).

248. — 29 mars, Paris. — Donation, par d^{lle}

Jeanne de Vieuxpont à Messires *Gabriel*, *Alexandre-Joseph* et *René-François de la Noue de Vair*, enf. mineurs de mess. *Jacques de la Noue*, cher, comte de Vair, baron de Crénolles et de Nazel, lieut. colonel du rég. de cav. de Montrevel, et de feu de Cath. de Vieuxpont, nièce de lad. donatrice, — de tous les biens et droits qui lui app. dans la succ. de de Magd. de Bauffremont, ve de mess. Clériadus de Vergy, comte de Champlitte, vice-roi de la Fr.-Comté et des Pays-Bas pour le Roy d'Espagne; à cond. de faire un établiss. de sœurs de charité au lieu de Champlitte; Ogier, le Normand, not. — Insin. au greffe du Châtelet le 1er avril. — (*Ibid.*, p. 53).

249. — 1694, 11 janv., Versailles. — Arrêt du Conseil d'Etat du Roy pour *Jacques de la Noue*, comte de Vair, lieut. colonel du rég. de Sully cav., cy-devant Coislin. — (*Ibid.*, p. 55).

250. — 18 déc., Paris. — Arrêt du même conseil pour *Jacques de la Noue*, comte de Vair, colonel de cav., et *Charles-Armand de la Noue*, écuyer du Prince de Condé, — contre P. de St Pern, cher, s. du Lattay, le sr de Sesmaisons, le Sr de Martigné Guichard et la de Gén. Bouvart, veuve du sr de Ribier. — (*Ibid.*, p. 57).

251. — 1695, 12 avril, Rennes. — Accord entre d^lle *Claude-Françoise de la Noue*, dame de la Ville-norme, et d^lle *Gabrielle de la Noue*, dame de St Armel, sa tante et tutrice, et du sieur son frère, par lequel lad. d^lle de la Noue approuve le contenu des comptes de tutelle de la d^e de St Armel ; le Hongre, Bangeot, not. — (*Ibid.*, p. 117).

252. — 30 mai, Paris. — Reprise d'instance, en la 4e chambre des enquêtes, par messires Ph. de Moussy, ch^er, s. de la Cour Reyne, *Jacques de la Noue*, ch^er, comte du Vair, mestre-de-camp de cav., et *Jacques-Armand de la Noue*, lieut. des gardes du prince de Condé, ayde-de camp de Mr le duc. — (*Ibid.*, p. 59).

253. — 1696, 14 avril, Rennes. — Contr. de mar. de mess. *Guillaume de la Noue*, ch^er, s. de la Noüe, la Villenorme, Bogar, etc., fils aîné hér. princ. et noble et alors unique de défunts Mess. *Guillaume de la Noue*, ch^er, s. desd. terres et seign., cons. au parl. de Bret., et de d^o Françoise Pringuel, led. futur âgé de 22 ans, autorisé par noble damoiselle de la Noüe, d^e de St Armel, sa tante et tutrice, et assisté de mess. Pierre de St Pern, ch^er, s. du Lattay, prés^t aux enq. du même parl., oncle dud. futur, — accordé avec dam^lle Marie-Françoise de Tremerreuc, fille puisnée de défunts mess. Louis de Tremerreuc, ch⁰ʳ, comte de Largoet, cons. aud. parl., et de dᵉ Guyonne Goret, assistée de mess. Toussaint Cornullier, ch⁰ʳ, seign. marquis de Chasteaufromont, baron de Montrelais, prés¹ à mortier aud. parl., et de d° Anne-Louise de Tremerreuc, son épouse. — Gouasche, Berthelot, not. — (*Ibid.*, p. 119).

254. — 21 avril, Rennes. — Emancipation de mess. *Guillaume de la Noue*, fils de defunts mess. *Guillaume de la Noue*, ch⁰ʳ, s. du lieu, cons. au parl. de Bret., et de d° Françoise Pringuel; lequel sʳ de la Noüe fils avoit excédé l'âge de 20 ans selon son extr. de bapt. du 19 juill. 1674. — (Doss. bleu 5753, f. 23).

255. —1697, 7 févr., Rennes. — Bapt., à S¹ Etienne, de *Toussaint-Marie*, né le 2, fils de mess. *Guillaume de la Noue*, ch⁰ʳ, s. de Baugard, et de dᵉ Marie-Fr. de Tremerreuc. Parr., h. et p. s. mess. Tous. de Cornuillier, s. marquis dud. lieu et prés. à mortier au parl. de Rennes ; marr., dˡˡᵉ *Gabrielle de la Noue*, dame de S¹ Armel. — (*Carrés*, t. 471, p. 125).

256. — 31 déc. — Quitt. d'app. par *Charles de la Noue*, sous-brigadier des gardes du corps du Roi de la comp. de Duras. — (*Pièc. Orig.*, *loc cit.*, p. 44, parch.).

257. — 1699. — Extrait de l'Armorial Général dressé par le s^r d'Hozier, juge d'armes de la Noblesse de France : « *Guillaume de la Noue*, ch^{er}, s. de Beaure-
« gard, de la Villenorme, Saint-Hermel et a. l., et
« Marie Tremereau, sa femme, portent : d'azur à
« une croix d'argent cantonnée de 4 gerbes d'or,
« accolé d'un échiqueté d'argent et de gueules. » —
(Cab. des titres, *Bretagne*, t. I, p. 202).

258. — 1700, 6 août, Rennes. — Bapt., à St Etienne, de *François-Marie*, fils de mess. *Guillaume de la Noue*, s. de Bogard, etc., et de Marie-Franç^{se} de Tremerreuc. — (*Reg. paroiss.*)

259. — 1701, 10 juin. — Sentence de la jurid. de Moncontour, par laq. défaut est adjugé à d^e Marie de Tremerreuc de la Noüe, épouse et procuratrice de mess. *Guillaume de la Noue*, ch^{er}, s. dud lieu, hér. collat. princ. et noble sous bén. d'inv. de déf. d^{lle} *Gabrielle de la Noue*, dame de St Armel, demande-
resse, contre Julien Mahé, s. de la Villehesry, dé-
fendeur et défaillant. — (*Carrés*, t. 471, p. 127).

260. — 1705, 18 oct., Rennes. — Naiss. et bapt.,
St Etienne, de *Marie-Françoise-Gervaise* et de *Lucrèce-Céleste*, filles de mess. *Guillaume de la Noue*, s.
de Bogard et a. l., cons. au parl. de Bret., et de
Marie- Franç. de Tremerreuc. — (*Reg. paroiss.*).

261. — 1706, 16 juill. ; 1707, 6 juill. — Quittances de rente viagère, par Messire *Charles-Armand de la Noüe*, lieut. des gardes de S. A. S. Mgr le Duc; signées « de la Noüe de Vair ». — (*Pièces orig., loc. cit.*, p. 53, parch.).

262. — 1708, 5 oct. — Partage noble donné par mess. Touss. de Cornulier, marquis de Châteaufremont, en qualité de père et de garde naturel des enf. de son mar. avec déf. d° Anne-Louise de Trémerreuc, hérit. princip. et noble de mess. Louis de Trémerreuc, à Mess. *Guillaume de la Noüe*, cons. au parl., père et garde naturel des enf. de son mar. avec déf. d° Françoise de Trémerreuc, fille puînée dud. déf. s. Louis. — (Lainé, p. 128, et 2° Suppl., p. 41).

263. — 1711, 15, déc. — Décès de Mess. *Jacques de la Noüe*, ch°¹, comte de Vair, mestre-de-camp de cav., baron de Crenolles, s. de Nazelle et a. l., âgé d'env. 70 ans; enterré le 16, dans l'église paroiss. de la Roche-Clermault, élection de Chinon. — (*Carrés*, t. 471, p. 62).

264. — 1712, 11 mars, Paris. — Messires *Charles-Gabriel, comte de la Noüe*, et *Alexandre-Joseph de la Noüe*, baron de Grenoble (Crenolles), frères, déclarent renoncer à la succ. de Mess. *Jacques de la Noüe*, ch°¹, comte de Vert, mestre-de-camp de cav.

et ch^{er} de l'Ordre mil. de S. Louis, leur père, « pour leur estre plus onéreuse que profitable ». — Cuillerier, Cleret, not. — (*Ibid.*, p. 63).

265. — 1713, 28 déc., Longwy. — Contr. de mar. de Mess. *René-François de la Noüe*, capitaine au rég. de dragons de la Reine, en garn. à Longwy, fils de Mess. *Jacques de la Noüe*, vivant Comte de Ver, ch^{er} de l'ordre mil. de S. Louis et mestre-de-camp de cav., et de feu d° Cath. de Vieuxpont, — accordé avec d^{lle} Marie-Mad.-Franç. le Carlier, fille de mess. Pierre-Etienne le Carlier, vivant ch^{er}, s. et vicomte d'Ulli et de Parignant en Vermandois, et de d° Jeanne-Franç. Poitevin, sa veuve, femme en 2es noces de mess. Fortuné de Libertat, ch^{er} de l'Ordre mil. de S. Louis, lieut. pour le Roi au gouv. de Longwy. — Mergei, le Pointre, not. — (*Ibid.*, p. 61).

266. — 1744, 4 oct., La Roche-Clermaut. — Bapt. de *Gabriel-François*, né le 3, fils de mess. *René-François de la Noüe de Vair*, capit. de dragons dans le rég. de la Reine, et de d° Mar.-Mad.-Franç. le Carlier. Parr., mess. *Gabriel-Charles, comte de la Noüe*, frère aîné du père, capit. au rég. de la Ferronnays cav.; marr., d° Gén. de la Barre, femme de mess. L. Taine, s. de la Bellonière. — (*Ibid.*, p. 64).

267. — 1717, 1 fév., Paris. — Mess. *Charles-Gabriel, comte de la Noüe de Vair,* ch^{er}, s. de Nazel, Roche-pichet et a. l., cap. de cav. au rég. de la Ferronnays, en garn. à Marville, déclare qu'en qualité d'hér. de feu mess. *Charles-Armand de la Noüe,* son oncle, gouv^r de S. A. S. Mgr le Duc et cap. de ses gardes, il luy est dû sur la succ. de feu Mr de Molacq, brig. des arm. du Roy, une s^o de 7000 et quelq. cents livres, dont il fait abandon au Président de Cornilliers et à Paul de Nos, tailleur d'habits à Paris, ses créanciers ; et il constitue son proc. mess. *Alexandre-Joseph de la Noüe,* son frère, ch^{er}, seigneur baron de Crenolle, à l'effet de passer tous transports nécessaires. — (*Ibid.,* p. 66).

268. — 1719, 8 juin, Abbeville. — Contr. de mar. de haut et puissant seigneur mess. *Charles, comte de la Noüe.* ch^{er}, s. de Nazelle, Nement, Rochepiché et a. l., cap. de cav. au rég. de la Ferronnays, ch^{er} de l'Ordre mil. de S. Louis, fils aîné à marier de déf. haut et p. seign. mess. *Jacques de la Noüe,* ch^{er}, comte de Vers, et de haute et puiss. d^o Cath. de Vieuxpont, étant alors en garn. en la ville d'Amiens, assisté de h. et p. s. mess. Henry Létendart, ch^{er}, baron d'Angerville, son cousin issu de germ., comparant tant pour luy que pour hauts et puiss. seig. *Alexandre-Joseph* et *René-François de la Noüe*, chevaliers, ses frères ; de h. et p. s. mess. J.-Fr., marquis de Créquy, ch⁰ʳ, s. de Vincquinham, son cousin issu de germ. ; de h. et p. s. mess. [*blanc*].... de la Roche, marquis de Fontenilles, son cousin ; de h. et p. s. mess. André de Monchy, ch⁰ʳ, s. et baron de Vismes, sénéchal de Ponthieu, et de h. et p. s. mess. Gabriel, vicomte de Melun, maréchal-de-camp des armées du Roy, ch⁰ʳ de l'ordre mil. de S. Louis, — accordé avec d^lle Madeleine-Louise-Adrienne de la Roddes, fille unique à marier de h. et p. mess. Claude de la Roddes, ch⁰ʳ, s. et comte de Balores, seign. de Logareil, brig. des armées du Roy, ch⁰ʳ de l'ordre mil. de S. Louis, command⁺ pour le Roy en la ville d'Abbeville, et de h. et p. dame Madame Franç. de Sedirac Montesquiou, son épouse. — Roussel, P. le Febvre, not. — (*Ibid.*, p. 67).

269. — 28 juin, Abbeville. — Mariage solennel, en l'égl. du S. Sépulchre, de haut et puiss. seigneur *Charles de la Noüe*, comte de Nazel, Nemen, Rochepiché, cap. de cav. au rég. de la Ferronnais, fils de haut et puiss. seign. *Jacques de la Noüe*, comte de Vair, et de h. et p. dame Cath. de Vieuxpont, ses déf. père et mère, de la par. de la Roche-Clermault, dioc. de Tours, — avec d^{lle} Louise-Madeleine-Adrienne de la Rodde. — (*Ibid.*, p. 69).

270. — 1720, 6 avril. — Bapt., à S. Jean-Bapt. de Lhomaizé, dioc. de Poitiers, de *Joseph-Sylvin-Toussaint-Marie*, fils de mess. *Toussaint-Marie de la Noue* et de d° Marie-Mad. de Pressac. Parr., mess. Jos.-Marie Savate, écuyer, s. de Gennebrée ; marr.; d° Marie-Marg. Cuirblanc. — (*Ibid.*, p. 130).

271. — 17 juill,. Abbeville. — Bapt., en l'égl. du S. Sépulchre, de *Joseph-Claude-Jean*, né le 16, fils de Mess. *Gabriel-Charles de la Noüe de Vair*, ch^{er}, comte dud. lieu, cap. de cav. au rég. de la Ferronnais, et de d° Mad.-Louise-Adr. de la Roddes. Parr., mess. J.-B. Chabron de la Tour, lieut. de lad. compagnie : marr., d° M.-Franç. de Sédirac de Montesquiou, ép. de Claude de la Roddes, ch^{er}, brigadier des armées du Roy et comm^t dans Abbeville, représentée par d^{lle} Barbe Vaillant, assistée de Messieurs les Marquis de Fontenilles, d'Amvoile, Gouffier. — (*Ibid.*, p. 70).

272. — 1721, 1 déc. — Décès à Chinon, et transport et inhum. en l'égl. de la Roche-Clermault, de d° Mad.-Louise-Adr. de la Roddes, âgée de 27 ans, femme de mess. *Gabriel, comte de la Noüe*, cap. de cav. au rég. d'Olenctun, en prés. de M. et Mme de la Noüe de Vair, et autres parens et amis. — (*Ibid.*, p. 74).

273. — 1722, 15 janv., Chinon. — Accord entre h. et p. dame Madame Franç. de Sédirac de Montesquiou, veuve de h. et p. s. mess. Claude de la Rodde, ch^{er}, s. comte de Balore, brig. des armées, ch^{er} de l'ordre mil. de S. Louis, comm^t pour le Roy en la ville d'Abbeville, — et haut et puiss. seigneur mess. *Charles, comte de la Noüe,* ch^{er}, s. de Nazelle, Nemant, Rochepichet et a. l., cap. de cav. au rég. de la Ferronnays, ch^{er} de l'ordre de S. Louis, dem. en son château de Nazelles, par. de la Roche-Clermault, au nom et comme père et tuteur de *Joseph-Claude-Jean,* son fils et de déf. d° Mad.-Louise-Adr. de la Rode, son épouse. — Arvers, Noy, not. — (*Ibid.*, p. 72).

274. — 22 avril. — Sentence du juge de Ploubazlanec, condamnant d^{lle} Claude le Bigot, d° de Kerarscouet, à payer diverses redevances dues à Mess. *Toussaint-Marie de la Noüe,* ch^{er}, s. de Beaugard. — (*Ibid.*, p. 131).

275. — 30 avril. — Vente de la maison noble de la Villegourhan, en Henanzal, de la métairie de la Villesnault, du fief et bailliage de la Villegourio et de la mét. de la Chapelle, aussi en Henanzal, — faite, moy. la s° de 20000 l., à écuyer René Lemetaer, s^r de Canonail, et d° Guillemette Marabeuf, son épouse, par mess. *Toussaint-Marie de la Noue*, ch^er, s. de Bogard, fils aîné, hér. princ. et noble de déf. mess. *Guillaume de la Noue*, cons. au parl. de Bret., et de d° M.-Fr. de Tremereuc, âgé de 25 ans, dem^t ord^t à son château de Bogard, par. de Quezoué, dioc. de S. Brieuc, étant alors en son château de la Touche-à-la-Vache, par. de Crehen, dioc. de S. Malo. — Le Dean, le Chevalier, not. des baronnies de la Hunaudaye Montafillant, au siége du Chemin-Chaussé ; insin. aud. siége le 2 mai. — (*Ibid.*, p. 132).

276. — 1724, 12 nov., Poitiers. — Contr. de mar. de Mess. *Toussaint-Marie de la Noüe*, ch^er, s. de Bogard, cons. au parl. de Bret., fils et hér. de feus mess. *Guillaume de la Noüe*, aussi cons. aud. parl., et de d° M.-Fr. de Tremereuc, — avec dame Marie-Madeleine de Pressac, assistée de mess. Alphée-Marc de Pressac et de d° Jeanne Filleau, ses père et mère. (Par arrêt rendu en la chambre de la Tournelle le 8 avril 1724, le mariage desd. T. M. de la Noüe et M. M. de Pressac avait été déclaré abusi-

vement célébré). — Bousseau, Ligonnière, not. —
(*Ibid.*, p. 133).

277. — 1725, 20 sept., Quessoy. — Bapt. de
François-Jérôme, né le 19 au château de Bogard, fils
de mess. *Toussaint-Marie de la Noüe*, ch^{er}, s. de Bogard, la Villenorme, St Ermel et a. l., cons. au parl.
de Bret., et de d^e M.-Mad. de Pressac, dame de la
Noüe. Parr., écuyer Jér.-Sylvestre de Kervastoüe ;
marr., d^e Anne-Fr.-Hyac. de la Villéon, d^e de la
Noüe. — (*Ibid.*, p. 135).

278. — 1727, 3 janv., St Malo. — Partage de la
succ. de feu d^e Josseline Goret, dame du Tertre-
Barré, fait sous seings privés entre d^e Servanne-
Agnès Trublet, dame de la Coudre, f^e d'écuyer Jean
Goret, et d^e Granç. Foret, dame de la Villesdus ;
mess. Ch.-René de Cornulier, ch^{er}, s. de Largoët,
cons. au parl. de Bret., tant pour lui que comme
chargé de procur. de h. et p. seign. M^{re} Fr. de
Montmorency, père et garde naturel de d^{lle} M.-Anne
de M., issue de feu d^e Emilie-Fél. de Cornullier, son
épouse, et mess. *Toussaint de la Noüe*, ch^{er}, s. de
Beaugard, cons. aud. parl., d^{lle} *Thérèse-Catherine
de la Noüe* et d^{lle} *Céleste-Lucresse de la Noüe de Saint-
Ermel*, par représ. de feu dames M.-Louise et Franç.
de Tremereuc, sœurs, filles de feu d^e Guyonne Go-

ret, épouse de mess. Louis de Tremereuc, cons. au parl., sœur de lad. d° du Tertre-Barré. — Pitot et son coll., not. — (*Ibid.*, p. 136).

279. — 1729, 11 avril, Chinon. — Procur. donnée à Nic.-J.-David de Saintard, proc. au châtelet de Paris, par mess. *René-François de la Noüe*, ch⁰ʳ, seigneur comte de Vair, cap. de dragons dans le rég. de la Reine, l'un des princ. hér. paternels par bén. d'inv. de Mess. Guill.-Alexandre, marquis de Vieuxpont, son cousin-germ. pat., s. de St Yves, de Sennecey et de Stᵉ Vaubourg, lieut.-général des arm. du Roy. — Arvers, Chesnon, not. — (*Ibid.*, p. 74).

280. — 9 juin, Quessoy. — Bapt. de *Jules-César-Félix*, né le 8, fils de haut et puiss. seigneur Mess. *Toussaint de la Noüe*, ch⁰ʳ, s. de Bogard, la Villenorme, St Ermel et a. l., cons. au parl. de Bret., et de d° Marie-Mad. de Pressac. Parr., mess. Jules-César Martin, ch⁰ʳ, s. de la Guerche, châtelain de S. Piat; marr., d° M.-Anne Cazre, d° du Bochêne. — *Ibid.*, p. 139).

281. — 1730, 5 août, Rennes. — Acte de tutelle des enfants de feu Louis-Cél. de Saint-Pern, ch⁰ʳ, seign. comte du Lattay, et de Franç.-Gillette de

Kersauson, en prés. de «*Toussaint-Marie de la Noue*, ch^{or}, s. de Beaugarde », et autres parents. — (J. de Kersauson, p. 167).

281 *bis.* — 1731, 7 sept., La Roche-Clermaut. — Naiss. de *René-Joseph*, fils de *René-François de la Noue*, ch^{or}, comte de Vair, et de Marie-Mad.-Fr. le Carlier. — (Arch. du min. de la Guerre. — Voy. le n° 340).

282. — 1733, 25 juin, Quessoy. — Naiss. au chât. de Bogard et bapt., dans la chapelle dud. château, de *Thérèse-Rose-Sainte*, fille de Mess. *Toussain de la Noue*, ch^{or}, seigneur dudit nom, Bogard, la Villenorme et a. l., cons. au parl. de Bret., et de d^{e} M.-Mad. de Pressac. Parr., Mess. Emm.-Rose Frelon, ch^{or}, s. de St Aubin, lieut. au rég. des gardes Françoises ; marr., d^{lle} *Thérèse de la Noue*, dame dud. nom. — (*Carrés*, t. 471, p. 140*)*.

283. — 1735, 25 janv., Quessoy. — Bapt. de *Guillaume-Toussaint*, fils de haut et puiss. seigneur *Toussaint de la Noüe*, s. de Bogard et a. l., cons. au parl. de Bret., et de d^{e} M.-Mad. de Pressac, d^{e} de la Noüe. — (*Ibid.*, p. 141).

284. — 1737, 16 mai, Quessoy. — Bapt. de *Louise-Françoise-Anne*, née au chât. de Bogard le

26 janvier 1737, fille de Mess. *Toussaint-Marie de la Noüe*, haut et puissant seigneur de Bogard, la Villenorme et a. l., cons. au parl. de **Bret.**, et de d⁰ Marie-Mad. de Pressac. Parr., Mess. *François-Guillaume de la Noüe*, haut et puissant seigneur des Aubiers et a. l., cons. au parl. de Bret ; marr., d⁰ Louise Ruflet, d⁰ du Boschêne et de la Rivière ; à ce présens Louise-Marie Ruflet de la Villéon de la Noüe, J. Cl. le Vicomte de la Villevolette, *Guillaume et Félix-César de la Noüe*. — (*Ibid.*, p. 142).

285. — 1741, 18 sept., Hillion. — Bapt. de *Guillaume-Toussaint*, né le 16, fils de Mess. *Guillaume-François de la Noüe*, ch⁰ʳ, s. des Aubiers, cons. au parl. de Bret., et de d⁰ Marie-Joseph du Bourne, d⁰ de la Noüe. Parr., Mess. *Toussaint de la Noüe*, chevalier de Bogard, cons. en la gr. ch. du parl. de Bret. ; marr., d⁰ Marie-Olive-Mathurine de Coniac, d⁰ de Kerouriou. — (Arch. du chât. des Aubiers ; extr. des reg. de la paroiss. d'Hillion, légalisé).

286. — 1742, 20 août, Bordeaux. — Vente de la métairie noble de Séguinot à Guill.-Urbain Nunès Pereyre d'Olivarès, écuyer, par Mess. *Charles Gabriel, comte de la Noüe*, major du rég. de cav. de la Ferronnays, s. de Nazelle, Nemant, Rochepichet et a. l., agissant comme père et tuteur de Mess.

Joseph-Claude-Jean de la Noüe, lieutenant aud. rég., son fils et de feu d° Mad.-Louise-Adr. de la Rode. — Fangus, Rigouleau, not. ; contr. à Bordeaux le 21. — (*Carrés*, t. 471, p. 75).

287. — 1745, 26 fév., Yvignac. — Contr. de mar. de Mess. *Joseph-Sylvain-Marie-Toussaint de la Noüe*, ch^er, s. de Bogard et a. l., fils aîné hér. princ. et noble de haut et puiss. seigneur Mess. *Toussaint de la Noüe*, cons. au parl. de Bret., et de d° Marie-Mad. de Pressac, elle encore vivante, autorisé de Mess. *Guillaume-François de la Noüe*, ch^er, seigneur comte des Aubiers et a. l., cons. au parl. de Bret., son oncle paternel et curateur particulier, — avec d^lle Françoise-Marcelle Geslin, d^lle de la Villemorel, fille de Mess. François Geslin, ch^er, s. de Cottes-couvrant, la Villemorel et a. l., et de déf. d° Claire-Marine de Thallouët du Boisorhant ; — Ferré, Forgeoux, not. de la baronnie de Becherel. — (*Ibid.*, p. 143).

288. — 1er mars, Yvignac. — Mariage de Mess. *Joseph-Sylvain-Toussaint-Marie de la Noüe*, ch^er, s. de Bogard, etc., avec d^lle Françoise-Marcelle Geslin de Coëtcouvran ; — au château de Coëtcouvran. — (*Reg. paroiss*).

289. — 13 mars, Jugon. — Constit. de 200 l.

de rente, faite par Mess. Fr. Geslin de Couascouvran, ch^{er}, s. dud. lieu, au profit de Mess. René de
Fontelebou, ch^{er}, s. dud. nom. Par cet acte, Mess.
Jos.-Sylvain-Touss.-Marie de la Noüe, ch^{er}, seign.
comte de Bogard et a. l., et Mess. *Guillaume-François de la Noüe*, son curateur, ch^{er}, seign. comte des
Aubiers, reconnoissent que le prêt de lad. s° de
400 l. est pour tourner au profit dud. s. de Bogard
et pour aider à fournir l'homme qu'il devoit à S. M.
jusqu'à ce qu'il eût l'âge compétent pour lever la
charge de cons^{er} au parl. de Bret. vacante par le
décès de feu M. son père. — Lemé, Chaumont,
not. roy. — (*Carrés*, t. 471, p. 145).

290. — 1746, 12 janv., château de Nazelles. —
Mess. *Charles-Gabriel de la Noüe*, comte de Vair,
lieut. colonel du rég. de cav. de Chabot, ch^{er} de
S. Louis, s. de Nazelles et a. l., déclare émanciper
Mess. *Joseph-Claude de la Noüe*, son fils, capitaine
aud. régiment ; — Frapin le jeune, not. à Chinon ;
contr. à Auch le 4 mars, Théodolin, not. — (*Ibid.*,
p. 78).

291. — 1746, 19 fév., Auch. — Contr. de mar. de
Mess. *Claude-Jean-Joseph de la Noüe de Vair*, cap.
au rég. de Chabot cav., s. de Saint-Guinot et Laugareille, fils de Mess. *Charles-Gabriel, comte de la*

Noue de Vair, lieut. colonel dud. rég., ch°r, de l'ordre roy. et mil. de S. Louis. s. de Nazelle, Nemans, Rochepicher, Villegrons et a. l., et de feu d° Mad. de la Rode, — avec d^{lle} Marie de Sedirac de Saint-Guiraud, fille de Mess. J.-Fr. de Sedirac, s. de S. Guiraud, et de d° Georgette-Franç. de Borsa de la Ginterye ; sous réserve de la dispense de parenté. — (*Ibid.*, p. 79).

292. — 15 mars, Nérac. — Ratif. de la vente de la maison noble et métairie de Séguinot par Mess. *Jean-Joseph-Claude, comte de la Noüe*, cap. au rég. de cav. de Chabot, duement émanc. par Mess. *Charles-Gabriel, comte de la Noüe*, son père. — Vizat, not. — (*Ibid.*, p. 80).

293. — 14 mai, Auch. — Mariage, en l'égl. de S. Marie, en conséq. de la disp. de parente accordée par le Pape, de Mess. *Joseph-Claude-Jean-Baptiste de la Noüe de Vair*, cap. au rég. de Chabot cav., fils de Mess. *Charles-Gabriel de la Noüe de Vair*, lieut. col. au même rég., et de déf. d° Louise-Adr. de la Rode, — avec d^{lle} [Marie] de Sedirac de S. Guiraud, fille de noble Fr.-J. de Sadirac de S. Guiraud et de d° Georgette de Boria de la Ginterie. — (*Ibid.*, p. 82).

294. — 1747, 15 mars, Yvignac. — Bapt. de

Guillaume-François-Marie, né le 11, fils de Mess.
Joseph-Silvain-Marie-Toussaint de la Noüe, ch^{er}, s.
de Bogard, cons. au parl. de Bret., et de d° Franç.-
Marcelle Geslin, son épouse. Parr., Mess. *Guillaume-
François de la Noüe*, ch^{er}, s. des Aubiers et des
Salles, cons. au parl. de Bret. ; marr., d^{lle} Marie-
Gabr. Geslin de Couascouveran. — (*Ibid.*, p. 150.
— Doss. bleu 1753, p. 11).

295. — 24 août, Rennes. — Transport de 3
contr. de constit. sur les Etats de Bret., fait par
dame *Thérèse-Catherine de la Noüe*, veuve de Mess.
Gilles-Fr. Bertho, ch^{er}, s. de la Villejosse, au
profit de d° M.-Anne de la Tronchaye, veuve de
Mess. Ch.-René de Cornullier, ch^{er}, s. marquis de
Châteaufremont, prés. à mortier au parl. de Bret.
— Pocquet, Tumoine, not. roy. — (Arch. de la L.
Inf., E. 760).

296. — 1748, 2 janv., St Guiraud. — Bapt. de
Charles-Marc-Antoine-Georges-Joseph, né et ond. le
8 juin 1747, fils de Mess. *Claude-Joseph-Jean, comte
de la Noüe*, s. de Nazel, Neman, Rochepiché, St Guiraud et a. l., et de Marie de St Guiraud. Parr., le
ch^{er} de Montesquiou, anc. cap. au rég. de la Marine,
ch^{er} de S. Louis ; marr., d^{lle} Jacquette-Mad. de
Boria de la Gintairie. — (*Carrés*, t. 471, p. 83).

297. — 5 juin, Chinon. — Cession du chât. et
seign. de Nazelle, en la mouvance du Roi, du fief de
Rochepiché, relevant du chât. de Vellort, et de la
maison et mét. de Villeaigron, relev. du chât. de la
Roche-Clermau, — faite par Mess. *Charles-Gabriel,
comte de la Noüe de Vert*, lieut. col. du rég. de Crussol cav., à Mess. *Claude-Jean de la Noüe*, s. de
S. Guiraud et a. l., son fils. — Frapin le jeune, not.
roy. — (*Ibid.*, p. **84, 85**).

298. — 1750, 1er oct., Saint-Guiraud. — Bapt.,
en l'égl. de S. Guiraud, annexe de l'égl. de Fanjaux,
de *Joseph-François-Louis-Marthe*, né et ondoyé le
19 nov. 1749, fils de Mess. *Claude-Jean-Baptiste-Jo-
seph, comte de la Noüe*, s. de S. Guiraud, et de
Mme Marie de Sadirac. Parrain, Mess. Jos.-Fr. de
Cassand, cons. à la gr. ch. du parl. de Toulouse;
marr., Mme Marthe de Polastron. — (*Ibid.*, p. 86).

299. — 1753, 15 mars, Paris. — Quitt. de la
so de 8540 l. donnée à J. Paris de Montmartel,
garde du Trésor royal, à la décharge de S. M., pour
le rembours. de 427 l. de rente, par *Jos.-Claude-
J.-B., comte de la Noüe*, cher, s. de S. Guiraud et
Laugareille, anc. cap. au rég. de Chabost cav., seul
et uniq. hér. de feu de Mad.-Louise-Adr. de la
Rodde, sa mère, au jour de son décès ép. de feu

Mess. *Charles-Gabriel, comte de la Noüe*, ch^{er}, s. de Nazelle, Nemant et a. l., cap. de cav. au rég. de la Ferronnaye et ch^{er} de l'ordre r. et m. de S. Louis. — (*Ibid.*, p. 87).

300. — 1754, 31 janv., Coüascouvran. — Constit. de 31 l. 10 s. de rente rachetable faite par Julien et René Donne au profit de haut et puiss. seigneur Mess. *Joseph-Silvain-Toussaint-Marie de la Noüe*, ch^{er}, s. de la Villenorme, la Brehaudière, S. Armel, Beaugard, la Noüe, Couascouvran, la Villemorelle et a. l., cons. au parl. de Bret., et de d° Fr.-Marcelle Geslin, dame de la Noüe. — Le Branchu, J. Boudet, not. — (*Ibid.*, p. 151).

301. — 10 mai, Coüascouvran. — Bail pour 6 ans de la maison noble de la Villemorel, fait à J. Salmon par haut et puiss. seigneur Mess. *Jos.-Silvain-Touss.-Marie de la Noüe*, ch^{er}, s. de la Villenorme, Bogard, la Noüe et a. l., comme mary et proc. de d° Fr.-Marcelle Geslin, d° de la Noüe. — Le Branchu, L. Launay, not. — (*Ibid.*, p. 152).

302. — 19 mai, Yvignac. — Bapt. de *Jeanne-Henriette*, née le 18, fille de Mess. *Jos.-Silvain-Touss.-Marie de la Noüe*, s. de Bogard, et de d° Fr.-Marcelle Geslin de Coëtcouvran. — (*Reg. paroiss.*).

303. — 1755. — Procès-verbal des preuves de la nobl. de *Ch.-Marc.-Ant.-Georges-Jos. de la Noue de Vair*, agréé par le Roy pour être admis au nombre des Gentilsh. que S. M. fait élever dans l'hôtel de l'Ecole Royale Militaire. — (Doss. bleu 5753, p. 5).

304. — 1759, 1ᵉʳ mai. — « Les six frères de La Noüe Vieuxpont, Comtes de Vair, sont enfans de feu *René-Françoys de la Noüe Vieuxpont, Comte de Vair*, capit. au rég. des dragons de la Reine, et de Marie-Magd.-Françoyse de Fiennes le Carlier, p.-fils de feu *Jacques de la Noue, comte de Vair*, brigadier des armées du Roy, mestre de camp de cavalerie et de Cath. de Vieuxpont, la maison de laquelle estant fondue dans celle de la Noüe, ils en ont accolé le nom et les armes.

« Cette famille originaire de Bretagne est actuellement partagée en quatre branches, dont l'aînée, sous le nom des *Comtes de La Noüe de Vair*, habite la prov. de Guyenne, au chasteau de [Saint-] Guinault dans les environs de Gimont et d'Auch. La 2ᵉ branche sous le nom des *Comtes de La Noüe Vieuxpont* habite la prov. de Picardie, aux env. de Saint-Quentin. La 3ᵉ branche sous le nom des *Comtes de La Noüe de Bogard* habite la prov. de Bretagne, aux env. de Saint-Brieux. Et la 4ᵉ branche sous le nom des *Comtes de la Noüe des Aubiers*, habite aussy la prov. de Bretagne, aux env. de Saint-Brieux.

« Il existe actuellement 5 masles dans la branche ainée, 6 dans la 2°, 5 dans la 3°, 5 dans la 4°, et grand nombre de mères et de filles. *Ils ont tous la qualité de Comtes par les lettres patentes du feu Roy* qui érigea en Comté en 1652 la Baronnie de Vair dans la prov. de Bretagne en faveur de *Charles de la Noüe* et de tous ses descendans tant masles que femelles, nés et à naistre, et ce en consid. des services rendus au Roy par les ayeux du dit Charles de La Noüe. (Extrait d'un titre en date du 1er mai 1759, référé dans l'acte de réformation du 20 août 1784). » — (Arch. du chât. des Aubiers).

305. — 1760. — Procès-verbal des preuves de la nobl. de *Jos.-Fr.-Louis-Marthe de La Noüe de Vair*, fils de Mess. *Claude-J.-B.-Jos. comte de la Noüe*, s. de S. Guiraud, et de Marie de Sadirac, — agréé par le Roy pour être admis au nombre des Gentilsh. que S. M. fait élever dans l'hôtel de l'Ecole Royale Militaire. — (*Ibid.*, p. 9).

306. — 10 sept., Nantes. — « Mémoire concernant les noms, armes, origines et habitations de la maison noble de la Noüe en la province de Bretagne. — Preuves que la maison de la Noüe est de la dite province.

« La famille de la Noüe est connue en Bretagne de tous les temps ; tout ce qu'on voit par les histoires, les mémoires, les actes publics et les titres particuliers, prouve que le chef-lieu originaire de cette Maison est la petite terre de la Noüe-Brior, située dans la par. de Fresné, près Machecoul, au pays de Retz ; les noms de la Noë et de la Noüe se trouvent employés dans nombre d'actes publics de ce canton de la prov. de Bretagne... Dom Lobineau et dom Morice, en leurs histoires de Bretagne, disent que le nom de la Noë ou celui de la Noüe ont été employés alternatᵗ et successᵗ pour la même Maison... Mais, pour éviter toute objection sur la différence des noms de la Noë ou de la Noüe, on rapportera seulement ce qui est cité sur le nom de la Noüe proprement dit.....

« ..... 1510. — D. Lobineau et D. Morice, parlant des guerres d'Italie, disent : « Il y eut plusieurs Bretons qui se distinguèrent dans toutes ces guerres d'Italie, comme les Maréchaux de Rieux et de Gié,... François de la Noüe, etc. (Nᵃ : *Ce* François *fut père de* François de La Noüe dit Bras de fer, *et étoit cousin germ. de* Guillaume de la Noüe,, *capitaine de* 25 *lances, cadet de la maison, qui se maria en Touraine,* en 1505, *à Cristine Pérot, et fut la souche de la bran-che cadette actuell' aînée*). » — (Arch. du chât. des Aubiers ; cop. prise sur l'orig. aux Arch. du Min. de la Marine).

307. — Même date. — « Mém. concernant les noms, armes, filiations et habitations de la branche cadette de la maison de la Noüe, devenue aînée en 1612 par la mort sans post. de Fr. de la Noüe, gentilh. de la manche et de Monsieur, frère de Louis XIII.

« Guillaume de La Noüe, cousin-germ. de Fr. de La Noüe qui se distingua aux guerres d'Italie en 1510, fut capitaine de 25 lances, et est désigné par le titre de *preux gendarme*. Il fut mandé avec sa troupe à Chinon, en Touraine, pour le service du Roy en 1505, et s'y maria à Cristine Pérot, fille de Jean Pé-rot, homme célèbre dans les lois, qui avoit été tiré de la cour souveraine de Bretagne pour remplir toutes les premières charges de juridiction de Chi-non ; elle étoit sœur de Mme de la Vallière, bisaïeule de celle si connue sous le règne de Louis XIV.

« Guillaume de La Noüe, leurs fils aîné, élevé par son aïeul maternel, s'attacha à la magistrature et fut lieut. général et chef de toutes les juridictions de Chinon ; il est nommé entre ceux qui assistèrent

M. le Président de Thou à la réforme de la coutume de Touraine. Il ép. Françoise Jolly, fille de Pierre Jolly, M° d'hôtel du Roy et comm^t du château de Clisson, de qui il eut les terres de Nazelle, Villegron, Griney-le-Brizay, le Vaubreton, et autres. Il rendit foi et homm. au Roi en la ch. des comptes de Nantes le 1er déc. 1537 pour le fief des Planches, qu'il possédoit dans la par. de Pacé, en Bretagne, et qu'il vendit peu après pour faire l'acquis. de la baronnie de Vair.

« Charles de la Noüe, leur fils aîné, baron de Vair, s. de Nazelle, etc., fut success^t surintendant de la maison de Louis de Bourbon, duc de Montpensier, gouv^r de Bretagne ; cons. au parl. de Rennes en 1570 ; intendant des armées dans les prov. de Bretagne, Normandie, Touraine et Poitou sous Mr de Montpensier ; maître des requestes de l'hôtel en 1591 ; chancelier de M^r le duc d'Anjou, frère de Henri III ; fut employé dans les plus importantes aff. de l'Etat, et enfin fut élu maire de la ville de Poitiers, charge de distinction qui a été possédée de tout temps par des grands seigneurs et des gens illustres. Il ép. Marie de la Barre, fille de J. de la Barre, s^r de la Beausseraye, le 3 janv. 1570.

« Guillaume de la Noüe, leur fils aîné, baron de Vair, etc., fut pourvu fort jeune de la charge de cons. au parl. de Bretagne, dont il a été doïen longues années, et fut fait chancelier de la reine Marie de Médicis et de Mme la duchesse d'Orléans, femme de Mr Gaston. Il ép. Anne de Cornulier, le 14 janv. 1604. Ils eurent 2 fils; Henry, le puisné, eut la charge de conseiller, et fit recevoir un fils chev. de Malte en 1662. (*Cet* Henry *fait la tige de la branche cadette qui a toujours demeuré en Bretagne, et dont deux sont actuell^t conseillers au parl^t*).

« Charles de la Noüe, leur fils aîné, comte de Vair, etc., voulant entrer dans le militaire, fut continuell^t en discussion avec son père, et finit par ne rien faire. Le Roy lui accorda en 1653 l'érection de la baronnie de Vair en Comté *pour les La Noüe nés et à naître*.....

« ..... Gabriel-François de la Noüe-Vieuxpont, comte de Vair, colonel d'inf., inspecteur comm^t les milices gardes-côtes de Bretagne,... certifie véritable le mémoire de filiation ci-dessus avec toutes les circonstances qui y sont jointes, et offre de les prouver par le peu de pièces qu'il a avec lui. A Nantes, le 10 sept. 1760. *Signé*: « Le Cte de la Noüe. » (*Ibid.*).

308. — 1761, 23 déc., Paris. — Naiss., et bapt. à S. André des Arcs, de Raymond-Gaspard de Bonardi. Parr., Mess. J.-B. Chevalier, s. de Colom-

bier, Sounivien et a. l. ; marr., dame Marie-Marg.
Chevalier, ép. de haut et puiss. seigneur *Gabriel-
François de la Noüe-Vieuxpont*, ch^{er}, comte de Vair,
colonel d'inf., inspecteur, dir^r et comm^t des milices
gardes-côtes de terre ferme et isles de Bretagne. —
(*Pièc. orig.*, doss. 8922, *Bonardi*, p. 5).

309. — 1763, 15 oct., La Porte d'Ohain. —
Contr. de mar. de Mess. *Guillaume-Toussaint de Lanoüe*, brigadier des gardes du pavillon amiral, fils
de Mess. *Guillaume-François de Lanoüe*, ch^{er}, s. des
Aubiers, la Villenorme, les Salles, Kerraul et a. l.,
cons. en gr. ch. au parl. de Bret., et de d^e Marie-
Joseph Dubourne, dame de Lanoüe, — avec d^{lle} Julienne-Louise Boschat, demoiselle Duvaugaillard,
fille de Mr Mathurin Boschat, capitaine pour le Roy
au château de Lalatte, seign. d'Uzel, de la Motte-
Dounoz, du Mené, le Vaugaillard et a. l. — Tardi-
val, Jos. Rabeil, not. — (Arch. du chât. des Aubiers,
orig. parch.).

310. — 1765, 22 janv., Yvignac. — Décès de
Mess. *Jos.-Sylvain-Touss.-Marie de la Noüe*, s. de Bo-
gard, cons. au parl. de Bret. ; — au château de
Coëtcouvran. — (*Reg. paroiss.*).

311. — 14 fév., Merdrignac. — Contr. de mar.

de Mess. *Jules-César-Félix de la Noüe*, ch^{er}, s. dud. nom, capitaine ayde-major d'inf., anc. comm^t du fort Toulouze aux Alibamons, fils majeur de mess. *Touss.-Marie de la Noüe*, ch^{er}, s. dud. nom, cons. au parl. de Bret., et de d^e Marie-Mad. de Pressac, — avec d^{lle} Rose-Emilie de Langan, fille de mess. J.-B. de Langan, ch^{er}, s. de Coüesbicort. — J. Chauvel, Fournatory, not. — (*Carrés*, t. 471, p. 153).

312. — 19 fév., Eréac, dioc. de S. Malo. — Mariage de Mess. *Jules-César-Félix de la Noüe*, anc. capitaine aide-major d'inf., fils de feu haut et puiss. seigneur mess. *Touss.-Marie de la Noüe*, comte dudit nom, ch^{er}, s. de Bogard et a. l., cons. en gr. ch. au parl. de Bret., et de d^e M.-Mad. de Pressac, dame de la Noüe, comtesse dud. nom, — avec d^{lle} Roze-Emélie, fille de h. et p. s. mess. J.-B. de Langan, ch^{er}, s. de Coatbicors et a. l., et de déf. d^e J.-Michelle Larcher du Bois-du-loup, d^e de Langan. — Bénéd. nuptiale donnée par mess. *Fr.-Jér. de la Noüe*, prêtre, chanoine et archidiacre de S. Brieuc, frère de l'époux, en prés. de mess. *Guill.-Fr. de la Noüe*, ch^{er}, seigneur comte du dit lieu et de Bogard, de mess. *Guill.-Touss. de la Noüe*, comte dudit nom, ch^{er}, s. des Aubiers, enseigne de vaisseaux. — (Doss. bleu 5753, p. 12, 13, 22).

313. — 1766, 17 juill., chât. de Coibicor. — Lettre signée « *le Vicomte de la Noüe* », et relative au paiement de sa pension militaire. — (Arch. du chât. des Aubiers, cop. sur l'orig. aux Arch. du Min. de la Marine).

314. — 18 juill., Saint-Guiraud. — Bapt. d'*Ursule-Philippe-Marie*, née le 17, fille de Mess. *Claude-J.-B.-Jos., comte de la Noue*, s. de S. Guiraud, et de d° Marie de Sadirac. Parr., mess. Ph. Daurée, ch°ʳ de S. Louis, s. de Fanjaux ; marr., d° Ursule Lescloteres de Daurée. — Extr. dél. le 18 juill. 1773 par le Sʳ Seren, curé de Fanjaux, lequel atteste que lesd. seign. et d° de S. Guiraud avoient huit enfans vivans. — (*Carrés*, t. 471, p. 90).

315. — 1766, 7 sept., Eréac. — Bapt. d'*Augustin-Henry-Gabriel-Rose*, né et ond. le 23 janv. 1766, fils aîné de Mss. *Jules-César-Félix de la Noüe*, ch°ʳ, vicomte de la Noüe, anc. commᵗ pour le Roy aux Allibremonts, et de d° Rose-Emilie de Langan, en présence de d° Fr.-Marcelle Geslin, *Comtesse de la Noüe*. Parr., mess. Augustin-Hyac. de Langan ; marr., dˡˡᵉ *Jeanne-Henriette de la Noüe*. — (Doss. bleu 5753, p. 14, 15, 22).

316. — 1767, 17 nov., Eréac. — Bapt. de *Jules-*

César-Marie, né et ond. le 7 fév., fils de mess. *Jules-César-Félix de la Noüe*, ch^{er}, seign. dud. nom, capitaine d'inf., et de d° Rose-Emilie de Langan. — (*Ibid.*, p. 25).

317. — 1768, 17 juill., par. S. Thuriau de Quintin. — Bapt. d'*Hilarion-Louis-Guillaume*, fils de *M^r le comte de la Noüe* et de d° Louise Boschat. Parr., Hil. de S. Pern; marr., d° *Louise-Anne de la Noüe*. — (Arch. du chât. des Aubiers, extr. légal. du 13 oct. 1868).

318. — 1769, 9 sept., St Thuriau. — Bapt. de *César-Guillaume-Marie*, né le 17 août, fils de Mess. *Guill.-Touss. de la Noüe*, comte du dit nom, ens. de vaisseau, et de d° Julienne-Louise Boschat. Parr., Mess. Fr.-César Visdelou, ch^{er}, s. de Liscoët, gouv^r de Quintin; marr., Mlle *M.-Thér. de la Noüe*, d^{lle} des Aubiers. — (*Ibid.*, extr. orig.).

319. — 1772, 15 nov., Eréac. — Naiss. et bapt. d'une fille de Mess. *Jules-César de la Noüe*, vicomte de la Noüe, capitaine d'inf., chev. de S. Louis, et de Rose-Em. de Langan, vicomtesse de la Noüe; — laquelle, le 13 janv. suivant, fut nommée *Pélagie-Emilie-Antoinette-Louise*. — (*Carrés*, t. 471, p. 154. — Doss. bleu 5753, p. 28).

320. — 1773, 12 janv., Éréac. — Bapt. de *François-Louis*, né le 15 nov. 1772, fils de Mess. *Jules-César-Félix de la Noue, Vicomte de la Noue*, ch^{er}, seigneur du dit nom, capitaine d'inf., ch^{er} de S. Louis, et de d^e Rose-Emilie de Langan, vicomtesse de la Noue. Parr., Mess. *Gabriel-Fr. de la Noue Vieuxponts*, comte de Vair, colonel d'inf., ministre plénipot. de l'Electeur de Cologne auprès du Roy ; marr., d^e Julienne-Louise Bauchat, d^e de la Noue, des Aubiers et des Salles. — (*Doss. bleu* 5753, p. 16, 24).

321. — 14 janv., S. Thuriau de Quintin. — Bapt. de *Mathurin-François-Hippolyte*, né le 13, fils do Mess. *Guill.-Touss. de la Noue*, seign. des Salles, Keraoul, et ch^{er} de S. Louis, et de d^{lle} Julienne-Louise Boschat. Parr., écuyer Mathurin Boschat, s. d'Uzel et a. l. ; marr., d^{lle} Franç. Dubourne. — (*Ibid.*, p. 30).

322. — 1774. — « Etat des familles qui ont siégé dans l'ordre de la Noblesse aux assises des Etats Gén. de Bretagne, depuis 1736..... : 1774, *de la Noue de Bogard.* » — (P. de Courcy, III, 204).

323. — Proc. verbal des preuves de la nobl. d'*Augustin-Henry-Gabriel-Rose de la Noue*, agréé par le Roy pour être admis au nombre des Gentilsh. que S. M. fait élever dans le Collège Royal de La Flèche. — (Doss. bleu 5753, p. 22).

324. — 1775. — Proc. verbal des preuves de la nobl. de *Jules-César-Marie de la Noue*, aux mêmes fins. — (*Ibid.*, p. 25).

325. — 8 mai, S. Thuriau de Quintin. — Bapt., par Mess. *Joseph de la Noüe*, de *Jérôme-François-Fidèle*, né le 4 avril, fils de Mess. *Guill.-Touss. de la Noüe*, ch⁰ʳ, s. des Salles, Kerraoul, ch⁰ʳ de S. Louis, anc. off. des vaisseaux du Roy, et de d⁰ Julienne-Louise Boschat. Parr., Mess. *Fr.-Jér. de la Noüe*, chanoine de S. Brieuc, vic. gén. du diocèse, archid. de Goëlo ; marr., d⁰ Fr.-Mathurine Boschat, d⁰ de S. Pern. — (Arch. du chât. des Aubiers, extr. orig.).

326. — 1776, 10 mars. — Extrait des reg. de la par. de S. Sauveur de Rennes de l'ann. 1776. « Le corps de Mess. *Guillaume-François, Comte de la Noüe*, ch⁰ʳ, s. des Aubiers, la Villenorme et a. l., cons. au parl* de Bret., décédé le 8 de ce mois, âgé d'env. 72 ans, muni des Sacr. de l'Église, a été, ce jour 10 mars 1776, inhumé dans le cim. de cette par., présent le Clergé. *Signé* : Le Barbier, Moisina, curé soussigné. — (*Ibid.*, extr. orig.).

327. — 19 mars, Ploubazlanec. — Bapt. de *Marc-Marie-Sylvain-Joseph*, né le 18, fils de haut et puiss. Mess. *Guillaume-Toussaint de la Noüe*, ch⁰ʳ, comte du dit nom, s. de la Villenorme, des Aubiers, des Salles et a. l., ch⁰ʳ de S. Louis, et de haute et puiss. d⁰ Julienne-Louise Boschat, comtesse de la Noüe. Parr., Mess. Marc-Ant. Rolland de Kerloury, anc. cap. des vaiss. du Roy, ch⁰ʳ de S. Louis ; marr., h. et p. d⁰ M.-Anne Gallois, comtesse douairière de Coëtlosquet. — (*Ibid.*, extr. orig.).

328. — 15 oct. — Preuves de la nobl. de d¹¹ᵉ *Ursule-Philippe-Marie de la Noue*, fille de Mess. *Claude-J.-B.-Jos. de la Noue*, s. de S. Guiraud, et de d⁰ Marie de Sadirac, agréée par le Roy pour être admise dans la Maison Royale de Saint-Cyr. — (Doss. bleu 5753, p. 18).

329. — 1779, 9 janv., par. S. Sulpice de Paris. — Décès de *Gabriel-François de la Noue*, à 64 ans 3 mois 5 jours. —(Cᵗᵉ de Chastellux, p. 458).

330. — 1779. — Arrêt du parlement de Bret. portant maintenue de noblesse en faveur de Messieurs de la Noue. — (P. de Courcy, II, 217).

331. — 1780, 7 mars, Rennes. —Arrêt de la gr. Chambre du parl. de Bret. portant enregistrement de lettres de dispense de stage octroyées par le Roi à *Guill.-Fr.-M. de la Noüe de Bogard*, bachelier en droit de l'Université de Rennes, désirant « estre admis à prendre dès à présent le degré de licentié en la faculté de droit de la d. ville. » — (Arch. de la Cour de Rennes).

332. — 1781-1783. — Quinze aveux rendus par divers à « hautes et puiss. demoiselles *Louise de la Noüe, M.-Thérèse des Aubiers, Claude-Joseph de la Villenorme, Adélaïde de Limoëlan*, dames des Aubiers, de la Lande et a. l., filles de feu mess. *Guillaume-François de la Noüe*, comte dud. nom, ch^er, s. des Aubiers et a. l., cons. en gr. ch. au parl. de Bret., héritiers princ. et nobles de la terre et seign. des Aubiers, démissionnaires de mess. *Guillaume de la Noüe*, leur frère aîné, ch^er, s. des Salles et a. l., *Comte de la Noüe*. » — (Arch. du chât. des Aubiers, orig. parch.).

333. — 1782. — Pr. verbal des preuves de la nobl. de *François-Louis de la Noue*, agréé par le Roy pour être admis au nombre des gentilsh. que S. M. fait élever dans les Ecoles Royales Militaires. — (Doss. bleu 5753, p. 24).

334. — Pr. verbal des preuves de la nobl. de

d^{lle} *Pélagie-Emilie-Ant.-Louise de la Noue*, agréée par le Roy pour être admise dans la Maison Royale de Saint-Cyr. — (*Ibid.*, p. 28).

335. — 11 sept. — Audience ord. de la jurisd. de Ploubalanec, Kerily et Perros, tenue et délivrée en l'audience de la ville de Painpol par dev. M. le p^r F^l, attendu que la ditte jurisd. est impourvue de sénéchal. La cause suivante expédiée par dev. M. Jacob de Préblanc, avocat; Messire *Guillaume-Toussaint*, ch^{er}, seigneur chef de nom [et] armes, *Comte de Lannoüe*, des Salles, les Aubiers, Kerraoul et a. l., ch^{er} de St Louis, demandeur en fourniss^t d'aveu. — (*Ibid*, orig. pap.).

336. — 1784. — Arrêt du parlement de Bret. portant maintenue de noblesse en faveur de Messieurs de la Noüe. — (P. de Courcy, *loc. cit.*).

337. — 1786, 15 juill. — *Charles-Gabriel-Louis de la Noue*, reçu ch^{er} de Malte. — (Saint-Allais, XX, 310).

338. — 1787, 9 avril, Paris. — « Nous, Edme Joseph Berthier, commissaire nommé par le Roi pour exercer par intérim la charge de généalogiste des ordres de St Michel et du St Esprit, Généalogiste de celui de St Lazare en survivance, et en cette première qualité, aussi commissaire pour certifier à S. M. la noblesse de ceux qui aspirent aux places de sous-lieutenant dans ses Gardes-du-corps et dans ses régiments d'Inf. Françoise, de cavalerie, de chevau-légers, de dragons et de chasseurs à cheval, d'Elèves de la Marine et des cadets gentilshommes des troupes des colonies. Certifions au Roi que *Jérôme-François-Fidèle de la Noüe des Salles*, lequel a été ondoyé le 4 Avril 1775 et a reçu le suppl. des cérém. du bapt. le 8 Mai suivant, dans l'égl. par. de Sᵗ Thuriau de Quintin, au dioc. de Sᵗ Brieuc, fils de *Guillaume-Toussaint de la Noüe*, chevalier, chef de ses nom et armes, titré *comte de la Noüe*, s. des Salles, les Aubiers, la Villenorme, Keraoul et a. l., anc. offic. des vaisseaux de S. M., chᵉʳ de l'Ordre R. et M. de Sᵗ Louis, et de dᵉ Julienne-Louise Boschat d'Uzel, son épouse, a la noblesse requise pour être admis au service de la marine. En foi de quoi nous avons délivré le présent certificat, l'avons signé et fait contresigner par notre secrétaire. A Paris, ce 9ᵉ jour du mois d'Avril 1787. *Signé* : Berthier. » — (Arch. du chât. des Aubiers, orig. pap.).

339. — 1792. — « ... Le clergé séculier était également poursuivie sans relâche ; faute de place, on ne pouvait emprisonner tous les prêtres qui refusaient le serment, mais on avait recours à toutes sortes de vexations, et si cela ne suffisait pas pour les faire passer en Angleterre, on leur notifiait de quitter immédiatement le territoire sous peine d'être déportés à la Guyane. (*En note*) : C'est ce qui arriva à Messieurs de la Noüe des Aubiers et Loncle, accusés *d'entretenir le fanatisme* dans la commune de Hillion. » — (*Anc. évêchés de Bret.*, II, 378).

340. — 6 fév. — *René-Joseph de la Noüe*, chevalier, comte de Vair, est nommé lieutenant-général. Toutes les biographies le font mourir, en 1793, sur l'échafaud révolutionnaire, « le lit d'honneur » de ce temps-là ; l'état de ses services dément cette assertion :

« René-Joseph de la Noüe, chevalier, comte de Vair, fils de René-François et de Marie-Mad.-Fr. le Carlier, né le 7 sep. 1731 à La Roche-Clermault (Indre-et-Loire). — Lieut. en 2e au rég. de la Couronne inf., le 12 mai 1744 ; lieutenant, le 27 janv. 1745 ; lieut. en 2e aux Grenad. de France, le 1er août 1749 ; lieut. aide-major, le 1er mars 1757 ; rang de capitaine, le 12 avril 1757 ; pourvu d'une comp., le 3 sept. 1759 ; colonel du rég. provincial de Soissons, le 4 août 1771 ; col. en 2e du Royal-Comtois inf.,

le 18 avril 1771 ; brigadier d'inf., le 5 déc. 1781 ;
mestre-de-camp du rég. provincial d'artill. de Metz,
le 23 mars 1783 ; des Grenad. royaux de Norm.,
le 1er janv. 1784 ; des Grenad. royaux de Lorraine,
le 23 mars 1784 ; maréchal de camp, le 9 mars
1788 ; lieutenant-général, le 6 fév. 1792 ; employé
à l'armée du Nord, le 15 ; décrété d'accusation,
le 4 oct. ; incarcéré à la prison mil. de Douai, le 5 ;
acquitté par le tribunal crim. du dép. du Nord, le
15 nov. ; empl. à l'armée des Ardennes, le 16 ;
commandant les troupes stationnées à Liège, le 29 ;
comm. la gauche de l'armée des Ardennes, le 12
janv. 1793 ; empl. au siège de Maëstricht, le 12
fév. ; mandé à la barre de la convention, le 13
mars ; déchargé de toute accusation, le 10 mai ;
mis de nouveau en état d'arrestation et détenu à la
maison de santé de Picpus, le... 1793 ; mis en liberté, le 29 août 1794 ; autorisé à prendre sa retr.,
le 25 nov. ; décédé le 17 nov. 1820. — *Campagnes* :
1744 à 1748, Flandre ; 1757 à 1762, Allemagne ;
1792, 1793, armées du Nord et des Ardennes. *Déco-
rations* : chev. de S. Louis, le 27 avril 1761. » —
(Arch. du Min. de la Guerre).

341. — 1795, 16 janv., Jersey. — Mess.
Guillaume-François-Marie de la Noue, cher, s. de

Bogard, Coëtcouvran, la Villemorel et a. l., anc. page du Roi et off. au rég. Royal-Lorraine cav., et, de présent lieutenant des maréchaux de France, cons. au parl. de Bretagne, est décédé le 16 janv. 1795, et a été inhumé le lendemain dans le cim. de la par. de St Helier de Jersey. — (Reg. de St Helier. — Communiq. par M. le Cte R. de l'Estourbeillon).

342. — 25 août, Vannes. — Décès de *César-Marie-Guillaume de la Noüe*, s.-lieutenant au rég. royal du Dresnay, fait prisonnier à Quiberon. — (E. de la Gournerie, p. 403).

343. — 1798, 5 fév., Londres. — Extr. du 1er reg. des mariages des émigrés français, en la chapelle cath. dirigée par l'abbé Caron. « Ce jour, 6 fév. 1798, nous souss., Mess. *Jos-Marie de la Noüe*, prêtre, chan. de S. Brieuc, vu... le consentt de *M. le Comte* et de *Mme la Comtesse de la Noüe*, père et mère de l'époux, en date du chât. des Salles, par. de Ploubazlanec. dioc. de S. Brieuc, le 5 janv. dor, led. consentt, sous seing privé, attendu l'impossibilité, dans les circonst. actuelles, d'en faire conster par acte public, avons reçu les promesses de mariage de haut et puissant Seigneur Mess. *Hilarion-Louis-Guill. de la Noüe*, chevalier, *marquis de la Noüe*, fils de h. et p. seign. mess. *Guill.-Toussaint* *de la Noüe*, ch^er, s. des Aubiers et a. l., et de h. et p. dame Louise-Marie Boschat, — et de d^lle Sophie-Aug.-M.-Jeanne le Vicomte de la Houssaye, fille de h. et p. s. mess. J.-B.-M.-Anne-Regnault le Vicomte, ch^er, s. de la Houssaye et a. l., cons. du Roi de France en tous ses conseils et son prés. à mortier au parl. de Bret., et de h. et p. d^o Gabr.-M.-Anne de la Rivière, présidente de la Houssaye.... Et de suite leur avons admin. la bénéd. nuptiale,... en prés. de... *Amélie de la Noüe Bogar*,... *Stanislas de la Noüe....* » — (Arch. du chât. des Aubiers. — Extr. dél. à Londres, le 26 janv. 1799, et signé « Caron le jeune, prêtre, dir^r de l'une des chap. Françaises ».)

344. — 1799, 5 janv., Londres. — Bapt. d'*Eugène-Marie-Guillaume*, né le 4, fils de haut et puiss. seigneur Mess. *Hilarion-Louis-Guillaume de la Noüe*, ch^er, *marquis de la Noüe*, et de h. et p. dame Sophie-Aug.-M.-Jeanne le Vicomte de la Houssaye, marquise de la Noüe. Parr., h. et p. s. mess. J.-B.-M.-Anne-Regnault le Vicomte, ch^er, s. de la Houssaye et a. l., prés. à mortier au parl. de Bret. ; marr., h. et p. d^o Félicité-Marie Meslé, comtesse douairière de la Noüe Bogard, qui signent ainsi que le père et autres parens et amis. Signé :... Meslé

13

comtesse de la Noüe;... *Joseph de la Noüe*, chanoine de S. Brieuc;... *Pauline de la Noüe, Maurice
de la Noüe Bogard....* — (*Ibid.* — Extr. du 2ᵉ reg. des
bapt. des enf. des émigrés franç., signé Caron).

345. — 1803, 18 fév. (29 pluviose an XI), Plou-
bazlanec. — Acte de mariage d'*Hilarion-Louis-
Guillaume Lanoüe*, fils majeur de *Guill.-Touss. La-
noüe* et de Louise Boschat, — et de Sophie-Aug.-M.-
Jeanne le Vicompte la Houssaye; en prés. desd.
Guill.-Touss. Lanoüe et Louise Boschat, de *Claudine-
Zoé* et *Victoire-Pélagie-Lucile Lanoüe*, sœurs de
l'époux. — (*Ibid.*, extr. légal).

346. — 1813, 21 mars. S. Brieuc. — Naiss. de
Charles-Marie-Sévère De la Noue, fils lég. d'*Hilarion-
Louis-Guill. De la Noue*, propʳᵒ, et de Sophie-Aug.-
M.-J. Le Vicomte. — Acte du 22. — (*Ibid.*, extr.
lég.).

347. — 1822, 7 avril. Rennes. — « Je soussigné
reconnais avoir ce jour reçu de Mʳ de Trevalon, en
aquit de *Monsieur le Comte de La Noue*, la somme
de 150 francs pour une demi année échue le 7
avril 1822 de la rente viagère de 300 francs qu'il
me doit en vertu du test. oĺogr. de feunte Mademoi-
selle Ferré de la Villecbans du 15 mai 1812. A

Rennes le 7 avril 1822. *Signé* : Eléonore Lambin de Champthiry. » — (*Ibid.*, orig. pap.).

348. — 1842, 18 avril, S. Brieuc. — Acte de mariage de *Charles-Marie-Sévère De la Noüe*, fils de feu *Hilarion-Louis-Guillaume* et de feu dame Sophie-Aug.-M.-Jeanne le Vicomte de la Houssaye, — et de Mlle Hermine-Pélagie-Françoise de la Villéon, fille de J.-B.-M. de la Villéon, cher de la Leg. d'honn., et de dame Caroline-Vincente-Marie Delesguern. — (*Ibid.*, extr. lég.).

349. — 1843, 6 mars, S. Brieuc. — Acte de naiss. de *Charles-Marie-Adolphe De la Noüe*, fils de *Charles-Marie-Sévère De la Noüe*, propr., et de de Hermine-Pélagie-Françoise De la Villéon. — (*Ibid.*, extr. lég.).

350. — 1846, 8 mars, S. Brieuc. — Décès de Mr *Ch.-M.-Sévère De la Noüe*, proprre, domicilié à Hillion, fils de feu Mr *Hil.-L.-Guill. De la Noüe* et de feu de S.-A.-M.-J. Le Vicomte De la Houssaye, époux de de Hermine-Pélagie-Françoise De la Villéon. — Acte du 9. — (*Ibid.*, extr. lég.).

351. — 1869, 12 janv., Chartres. — Mariage de *Charles-Marie-Adolphe de la Noüe*, proprre, chevalier de l'ordre mil. de S. Greg. le Grand, fils de feu

Charles-Marie-Sévère de la Noüe et d'Hermine-Pélagie-Françoise de la Villéon, sa veuve, — avec Armande-Félicité-Marie Vallou de Lancé, fille d'Ant.-Mich.-Fernand et de Pierrette-Louise-Georgine de Caillebod Lasalle, sa femme. — (*Ibid.*, extr. lég.).

352. — 1869, 19 oct., Chartres. — Acte de naiss. de *Charles-Marie-Fernand de la Noüe*, né hier, fils de *Charles-Marie-Adolphe de la Noüe*, propr., et d'Armande-Félicité-Marie Vallou de Lancé. — (*Ibid.*, extr. lég.).

353. — 1871, 3 janv., Hillion. — Acte de naiss. de *Maurice-Marie-Hippolyte de la Noüe*, fils de *Ch.-M.-Adolphe de la Noüe*, propr., et d'Arm.-Fél.-Marie Vallou de Lancé. — (*Ibid.*, extr. lég.).

354. — 1872, 20 nov., Chartres. — Mariage de *Charles-Marie-Adolphe de la Noüe*, propr., chev. de l'ord. e mil. de S. Grég. le Grand, veuf d'Armande-Fél.-M. Vallou de Lancé, — avec Marie-Thérèse Vallou de Lancé, sa belle-sœur. — (*Ibid.*, extr. lég.).

355. — 1878, 8 mars, Versailles. — Acte de naissance de *Fernand-Marie-Joseph de la Noue*, fils de *Charles-M.-Adolphe, vicomte de la Noue*, propr., chev. de l'O. M. de S. Grég. le Grand, et de Marie-Thér. Vallou de Lancé. — (*Ibid.*, extr. lég.).

356. — 1884, 4 août, Paris. — Avis motivé du Conseil Héraldique de France, délibéré sur le vu des titres qui précèdent, et concluant « que M*r* *Charles-Marie-Adolphe de la Noüe* est en droit de faire précéder son nom du titre de Comte. » — (Arch. du Conseil Hér. de France).

INDEX DES NOMS

INDEX DES NOMS

(Les noms de lieux sont en italiques).

A

C

Crussol (régiment de), 196.
Cuete, 99.

Cuillerier, 182.
Cuirblanc, 185.

D

Dacosta, 160.
Damville, (le Mᵢ de), 58, 132.
Daurée, 206.
Denais, 38.
Desprey, 31, 89.
Desrame, 31, 48, 111-115.
Dieuleveult, 90.
Dinan (B. de), 53, 104, 107.
Dol, 11.
Donges, 132, 134.
Donne, 197.
Douai, 215.

Doilelée (la), 81, 171.
Dresnay (régiment du), 19, 88, 216.
Dreux, 10, 176.
Dreysetc (du), 31, 64, 134.
Duault, 26.
Dubois, 154.
Dubourne. Voir du Bourne.
Dunois (B., comtesse de), 10.
Durand, 150.
Duras, 179.

E

Écosse, 34.
Enfant-Jésus (Maison royale de l'), 85.
Epine-Gaudin (l'), 26.
Erdac, 205-208.

Escoublac, 117.
Esguilly, 133.
Espagne, 177.
Espervier (l'). Voir Lespervier.

Estourbeillon (l'), 44, 135, 216.

Estouteville, 57, 127.

F

Fangus, 192.

Fanjaux, 196, 206.

Fauconnier (le), 100.

Fay (du), 155.

Febvre (le), 147, 184.

Ferrand, 176.

Ferré, 192, 218.

Ferronnays (régiment de la), 74, 182-185, 191, 197.

Ferronnière (la), 90.

Feuguerolles, 124.

Fiennes, 198.

Figeac, 149.

Filleau, 187.

Flandre, 32, 61, 215.

Flauville, 49.

Flèche (la), 84, 209.

Fleury, 160.

Foix-Candale, 173.

Folembray, 141.

Fontelebou, 193.

Fontenay, 59, 135.

Fontenilles. Voir la Roche-Fontenilles.

Forest (la), 48.

Forge (la), 161.

Forgeoux, 192.

Forme, 129.

Fouchays (la), 71, 156, 157.

Fougeray, 25.

Fougères, 124.

Fouin (le), 160.

Fournalory, 205.

Francheville, 175.

François Ier, 58.

Frapin, 193, 196.

Fréminville, 33, 90.

Fresles, 130.

Fresion, 81, 171, 172, 190.

Fresnay, 3, 5, 14, 25, 45, 50, 51, 56, 57, 65-66, 98, 101, 105-107, 118, 128, 131, 200.

Fresne (le), 123.

Fretel, 47, 101.

Froimont, 8.

Fromentières, 68.

G

H

I

J

K

L

Liscoët, 207.

Lissineuc, 14, 26, 32, 66, 67, 125.

Lobineau (dom), 200.

Logareil. Voir Laugareille.

Lohéac, 110.

Loigny, 127.

Loncle, 214.

Londres, 86, 87, 91, 216, 217.

Longchamps, 40.

Longwy, 182.

Lorgeril, 32, 84, 90.

Loriardière, 25, 47, 111.

Lorichal, 163.

Loroux-Bottereau (le), 26.

Lorraine (rég. des grenad. royaux de), 215.

Lorraine, 142.

Lotier, 101.

Louis XIII, 61, 201.

Louis XIV, 22, 71, 201.

Louis XV, 19, 22.

Loyat, 92.

Loyaux, 50, 106.

Lugné, 124.

Luré, 32, 60, 137, 139.

Lyon, 128.

Lyré, 70, 152.

M

Machecoul, 26, 40, 65, 70, 103, 106, 107, 110, 118, 120, 131, 134, 200.

Maczault, 125.

Maëstricht, 215.

Magon, 32, 89.

Mahé, 180.

Mailly, 40, 107.

Maine, 31, 32, 164.

Maintenon, 172.

Malestroit, 32, 56, 57, 11,5 122, 127.

Mallet, 147.

Malnoë, 25, 56.

Malte. (Ordre de), 21, 72, 75, 2, 130, 162, 165, 167, 171, 203, 212.

Mans (le), 47, 89, 105.

Mansfeld, 148.

Marabeuf, 187.

N

O

P

Q

Quélen, 112.
Quessoy, 26, 91, 187-190.
Quezoué. Voir Quessoy.
Quiberon, 19, 89, 216.

Quilhert, 155.
Quintin, 207-213.
Quistinit, 104.

R

Rabastetière (la) 55, 113.
Rabell, 204.
Rabestain, 124.
Racherie (la), 100.
Rais, 40, 47, 57, 66, 102, 118, 127.
Rais, 98, 101, 103, 105, 106, 118, 200.
Ramée (la), 25, 52, 63, 64, 112, 125, 132, 134, 135.
Ranchor, 34, 68.
Ré (île de), 152.
Regonnyer, 145.
Reine (rég. des dragons de la), 182, 189, 198.
Remalard, 130.
Remfort, 146.

Renaudière (la), 25.
Rennes, 70, 129, 130, 140, 145, 151, 156, 157, 164-171, 175, 178, 179, 189-219.
Retz. Voir Rais.
Reymond, 100.
Ribier, 176, 177.
Richelieu (le card. duc, de), 71, 152.
Richemont, 112.
Rieux, 57, 127, 134, 200.
Rigouleau, 102.
Rio, 172.
Rivière (la), 191, 217.
Roche (la), 55, 119, 122, 151.

S

T

U

V

W

Y

TABLE DES MATIÈRES

FIN DE LA TABLE

Imprimerie de DESTENAY à Saint-Amand (Cher.)